21 世纪全国高职高专财务会计类规划教材

新编基础会计实训教程

靳永军　张金寿　主　编

郝建萍　副主编

张　恒　王金申　参　编

北京大学出版社
PEKING UNIVERSITY PRESS

内 容 简 介

本书是一本介绍会计基本技能操作流程的实训教程，共分为四个单元：一是会计基础知识单元；二是分项目实训单元；三是出纳业务实训单元；四是综合实训单元。本书内容涉及凭证编制、账簿登记、报表填制、企业主要业务核算、常用票据填制等实训环节。本书将会计的基本技能融入若干个实训项目内，通过实训，学生不出校门就能掌握会计书写规则、凭证的填制、审核、建账、登账、错账更正、凭证装订、科目汇总表、银行存款余额调节表、财务报表的编制等技能和方法，为后续课程的学习和毕业后上岗工作奠定了良好的基础。

本书可作为高职高专院校会计及相关专业的通用教材，也可作为成人院校会计及相关专业的教材，还可作为广大读者自学会计实务的参考书。

图书在版编目（CIP）数据

新编基础会计实训教程/靳永军，张金寿主编. —北京：北京大学出版社，2008.1
（21世纪全国高职高专财务会计类规划教材）
ISBN 978-7-301-12944-9

I. 新… II. ①靳… ②张… III. 会计学－高等学校－教材 IV. F230

中国版本图书馆CIP数据核字（2007）第169525号

书　　名：新编基础会计实训教程
著作责任者：靳永军　张金寿　主编
责 任 编 辑：郭　芳
标 准 书 号：ISBN 978-7-301-12944-9/F・1771
出　版　者：北京大学出版社
地　　　址：北京市海淀区成府路205号 100871
电　　　话：邮购部62752015　发行部62750672　编辑部62765126　出版部62754962
网　　　址：http://www.pup.cn
电 子 信 箱：xxjs@pup.pku.edu.cn
印　刷　者：河北滦县鑫华书刊印刷厂
发　行　者：北京大学出版社
经　销　者：新华书店
787毫米×980毫米　16开本　9印张　194千字
2008年1月第1版　2018年8月第3次印刷
定　　　价：19.00元

前　　言

高等职业教育作为高等教育发展中的一个类型，肩负着培养面向生产、建设、服务和管理第一线需要的高技能人才的使命，在我国加快推进社会主义现代化建设进程中具有不可替代的作用。各级教育行政部门和高等职业院校已经深刻认识到，全面提高教学质量是实施科教兴国战略的必然要求，也是高等职业教育自身发展的客观要求。

教材建设与改革是提高教学质量的核心，也是教学改革的重点和难点。高等职业院校应积极加强教材建设，共同开发紧密结合生产实际的实训教材，并确保优质教材进课堂，以增强学生的职业能力；不断推进教学资源的共建共享，提高优质教学资源的使用效率，扩大受益面。因此，我们联合国内诸多高职院校共同编写了本书。

本书是一本介绍会计基本技能操作流程的实训教程。本书共设计了若干笔企业的典型经济业务，指导学生全面运用所学知识进行实训，掌握建账、凭证填制与审核、账簿登记、会计报表编制的基本操作方法。

本书具有以下四大特点。

1．内容新。本书根据最新的法规制度编写，内容真实、新颖。

2．项目全。本书既有单项实训项目，也有综合实训项目。

3．使用灵活。本书既可以在学习完《基础会计》相关章节后进行分散训练，又可以在学习完《基础会计》全部课程后进行集中训练。

4．操作性和实用性强。

本书具体编写分工如下：靳永军（西安航空技术高等专科学校）负责拟定编写大纲，并对全书进行修改、总纂，同时负责编写绪论、账簿的设置与登记实训、基本报表的编制实训、会计资料的整理与装订实训、综合实训单元及大部分实训项目的实训指导；张金寿（淮南职业技术学院）编写基本理论知识单元和出纳业务实训单元；郝建萍（西安航空职业技术学院）编写会计凭证填制与审核实训单元；张恒（天津开发区职业技术学院）编写会计基础书写技能实训；王金申（淄博职业技术学院）为本书的编写提供了丰富的素材。

本书在编写过程中参阅了大量同类教材，得到了其他诸多老师的支持和帮助，在此一并表示衷心感谢！

关于高等职业教育的研究仍属于一个新兴的课题，本书虽经艰苦努力，但仍难免存在不足之处，恳请广大读者批评指正，以便再版时修正。

编　者

2007 年 10 月

目　　录

第一章　绪　　论

第一节　实训教学目的

会计作为一门融理论与实践为一体的管理科学，不仅具有科学的理论体系，而且拥有一整套规范的专业操作程序和操作方法；同时，它又具有较强的计算性和操作性。会计教学中的理论联系实际，是会计学科教学改革的重要原则和基本目标。因此，在会计教学中，将会计的基本理论、基本方法、基本技能与会计实践相结合，就显得尤其重要。它不仅要向学生传授会计理论和会计方法，而且要培养学生应用会计理论和方法来解决会计实践问题的能力；不仅要加强基本理论和基本知识的教学，而且还应强化实践性教学环节，加强基本技能和实际工作能力的训练。这就需要组织和完善会计实训教学工作。

组织会计实训教学的途径较多，如安排学生下企业实习、请有实践经验的会计师来校讲授企业的具体做法等。这些"走出去，请进来"的做法对于加强会计的理论联系实际能起到一定作用，但也存在诸多问题，使实习达不到预期效果。鉴于会计教学和会计实践中存在的实际问题，我们认为，建立会计模拟实训室是搞好会计实践教学的重要途径和措施，它对于解决会计教学过程中存在的理论脱离实际问题有着重要作用。近年来已经有许多大专院校开设了"基础会计模拟实训"这门课，取得了较好的效果。

基础会计模拟实训就是在学校专设的会计模拟实训室里，在实训教师的指导下，由学生仿照企业单位的财会人员，按照规范的会计实务处理要求，进行全面的、系统的仿真操作，以培养学生会计基本技能和实际工作能力的一种直观性、实践性教学方式。

实行基础会计实训教学，是进行会计教学改革的有益尝试，也是保证教学质量，培养合格会计人才的重要一环。它主要体现在以下几个方面。

1. 促进理论与实践的结合，缩短会计教学与会计实践的距离，增强学生的实际工作能力。课堂教学内容有一些与实际工作是脱节的，如教学和学生练习时普遍使用"丁"字账代替登记账簿，与实际工作中使用的会计凭证、账簿不符，容易使学生产生误解。而在会计实训课上，凭证、账簿、报表与实际工作中完全一样，在仿真的环境中，有身临其境的感觉，能提高学生的学习兴趣。所以通过会计实训教学，可以使学生加深对理论知识的理解，开阔视野，有助于培养学生具有扎实的专业基本功，提高实际工作能力。学生毕业后能迅速适应各个会计岗位的要求，尽早进入角色。

2. 充实完善会计教学内容，进一步提高教学质量。会计实训教学是进行会计教学改革的新探索，它改变了传统会计教学只注重书本知识教育，忽视学生动手能力培养的弊病。所以通过会计实训教学，能够完善会计教学环节或体系，充实教学内容，能较大程度地提高学生分析问题、解决问题的能力，从根本上改革了传统的教学方法。对学生来说，学习印象深、易理解，能增强学习积极性，提高学习效果。

3．能够较好地解决组织学生下企业实习中的各种困难和问题。组织学生下企业实习存在着联系难、经费难、管理难的问题。由于经费限制，多数企业不愿接收。即使学生下厂，实习也常常是流于形式，谈不上保证实习质量。进行会计实训室模拟实习，学生可以人人参与，亲自动手操作，实践性强。高质量的经济业务设计与仿真的原始凭证、真实的记账凭证和账页，在实训室老师的直接指导下，同企业会计人员指导下的实际操作没有什么本质差别。它既达到了下企业实习的目的，又克服了上述困难，也有利于学生的集中统一管理。

基础会计模拟实训是一门会计实践课程，该课程的主要内容是结合实际工作中具有代表性的经济业务进行会计基本技能训练，以使学生全面掌握会计循环各环节的具体操作方法，掌握会计业务手工处理的方法与技术，从而使学生能更好地适应将来从事会计职业的要求。通过基础会计模拟实训这门课的教学，应当使学生实现如下目标。

1．进一步理解基础会计理论知识。通过边实训、边学习、边思考和边总结（写实训报告），把实际操作与所学基本理论和基本知识相结合，达到巩固和提高所学会计核算理论与方法的目的，加强对会计信息系统的认识，掌握会计核算的方法，熟悉会计核算的基本程序，以达到初步具备从事会计工作能力的目的，加深对会计工作、会计职业的认识。

2．初步掌握会计核算程序操作的基本技能，并掌握账务处理流程。它包括填制和审核原始凭证，编制和审核记账凭证，编制汇总记账凭证，登记库存现金日记账、银行存款日记账、明细账和总账，账簿的结账、错账更正，编制会计报表的基本技能。

3．通过基础会计模拟实训课程，培养作为一名会计人员应具有的认真、细致、兢兢业业、实事求是、踏实肯干的工作作风，树立良好的会计职业道德。

第二节 实训教学内容

基础会计模拟实训是结合基础会计理论课程的教学内容和教学要求，对会计核算的基本方法进行的模拟实训。其实训资料一般按会计循环各环节的步骤来安排，对会计核算的各种基本方法进行模拟实训，要求侧重每种方法的基本功训练，同时兼顾整个会计循环的系统性。根据其实训资料和方式的不同，又可划分为分项目实训单元、出纳业务实训单元和综合实训单元。具体可按教学大纲的要求来进行取舍与增减。

一、分项目实训单元

基础会计分项目实训就是根据循序渐进的原则，配合基础会计理论教学进度对会计核算的各种基本方法进行分项目实训。要求边学边练，侧重每种方法的基本训练，同时兼顾整个会计循环的系统性，为以后的会计业务流程综合实训打下基础。它的主要内容如下。

1．会计书写基本技能实训。

2．会计凭证填制与审核实训。

3．会计账簿设置与登记实训。

4．基本报表编制实训。

5．会计档案的整理与装订实训。

二、出纳业务实训单元

1．出纳岗位职责实训。

2．现金结算业务实训。

3．银行结算业务实训。

三、综合实训单元

基础会计综合实训就是根据全面系统的原则，以整体结构形式，配合基础会计课程后期教学对会计核算的各种基本方法进行全面实训。它要求会计循环系统完整，侧重全方面的总体训练，同时兼顾不同账务处理程序的异同点对比，为以后的专业会计学习打好基础，从而全面完成基础会计模拟实训任务。综合实训的主要内容如下。

1．记账凭证账务处理程序。记账凭证账务处理程序是指直接根据记账凭证逐笔登记总分类账为主要特点的一种账务处理程序。它是会计核算中最基本的一种账务处理程序。记账凭证账务处理程序的实训资料主要是：让学生全面、系统地掌握记账凭证账务处理程序下的账簿组织、记账程序和记账方法，总体训练学生记账凭证会计核算程序的基本操作技能。

2．科目汇总表账务处理程序。科目汇总表账务处理程序是先逐日或定期（5 天或 10 天）将所有记账凭证汇总编制成科目汇总表，然后再根据科目汇总表登记总分类账为主要特点的一种账务处理程序。科目汇总表账务处理程序是会计实务中运用较为广泛的一种账务处理程序。科目汇总表账务处理程序的实训资料主要是：让学生全面、系统地掌握科目汇总表账务处理程序下的账簿组织、记账程序和记账方法，总体训练学生科目汇总表会计核算程序的基本操作技能。

3．汇总记账凭证账务处理程序。汇总记账凭证账务处理程序是先逐日或定期（5 天或

10天）将所有的记账凭证汇总编制成汇总记账凭证，然后再根据汇总记账凭证登记总分类账为主要特点的一种账务处理程序。汇总记账凭证账务处理程序是会计实务中技术要求较高的一种账务处理程序。汇总记账凭证账务处理程序的实训资料主要是：让学生全面、系统地掌握汇总记账凭证账务处理程序下的账簿组织、记账程序和记账方法，总体训练学生汇总记账凭证会计核算程序的基本操作技能。

第三节　实训教学的组织与实施

一、实训教学的组织方式

实训教学可采用两种组织方式。

1．分散实训。学习完《基础会计》相关章节后进行训练。

2．集中实训。学习完《基础会计》全部课程后进行集中训练。全部技能训练约需 60 课时左右，若集中实训需两周时间。

二、会计实训具体步骤

会计实训具体步骤如下。

第一步，学生在实训教师指导下，先学习实训案例，熟悉会计核算实际业务，搞清案例中全部经济业务的账务处理、有关数字的来龙去脉及相互联系。然后由实训教师对实务操作方法作讲解和演示，并要求学生把课堂上学到的凭证、账簿、报表等知识与相关实务相对照，强化会计核算流程的感性认识。使学生全面系统地掌握会计核算过程的操作方法。

第二步，在实训老师指导下，由学生进行实际操作。根据实训教材要求，发给学生会计凭证、账簿及报表。学生从编制记账凭证、汇总记账凭证，登记总账、明细账、日记账，到编制会计报表整个会计核算过程进行系统操作。

学生在每项实训完成后，都应提交实训报告。

实训结束后，由指导教师根据学生在实训过程中的表现、提交的书面实训结果和实训报告等进行成绩评定。

三、对教师的要求

会计模拟实训应该先进行分项目模拟实训，后进行综合模拟实训。为了达到教学效果，保证实训质量，每次实训都应周密安排。对组织会计模拟实训的指导教师来讲，应做到以下几点。

1．实训前充分准备。每次实训都应制订模拟实训教学计划。模拟实训教学计划的内容主要有实训目的、实训资料、实训方式、实训时间以及实训要求和考核办法等。若为综合模拟实训还应该包括有实训小组划分及岗位轮换办法等。对于每项实训，指导教师都应熟悉实训资料与重点、难点。学生实际操作前，教师应点出要点，并对重点、难点以及可能出现的问题和疏漏进行必要的讲解和提醒。对实训资料、方法、步骤及要求要给学生做全面辅导，使每位学生做到心中有数，为提高实训质量奠定好思想基础。同时，指导教师要根据本次实训需要，准备好实训用的单、证、账、表等资料，为每位学生配齐实训用的印章、垫板、复写纸、大头针、夹子等办公用品。

2．实训中加强督导。实训课程应当贯彻“以学生为主体，以教师为主导”的原则，充分发挥学生在实训中的积极性和主动性。同时要求指导教师必须加强指导、检查和监督工作。督导学生遵守实训计划安排，按照规范的业务流程和操作方法进行账务处理，不能让学生放任自流，各行其是。对实训中出现的疑难问题，指导教师要对学生做耐心、及时地解答，必要时还应亲自进行示范。

3．实训后认真总结。每次实训后，都要进行全面、认真的总结。教师应对学生的实训报告进行批改，用百分制给出成绩，并于下一次实训前进行点评。同时，要对整个实训活动进行书面总结，检查实训计划是否周密，实训步骤是否合理，实训方法是否得当，实训目标是否达到。对实训中存在的问题要提出改进措施。

四、对学生的要求

为了保证实训的顺利进行，教师应对学生作出如下要求。

1．实训前充分准备。实训前，学生应该根据本次模拟的内容和要求，对相关知识进行复习和回顾，认真预习实训指导书，熟悉实训资料和经济业务，了解实训目的和实训要求，明确实训重点，熟悉实训用具及单、证、账、表，以便在实训时能够尽快进入实训状态。

2．积极参与实训过程。学生必须亲自动手，勇于实践，充分发挥主观能动性，实训中遇到困难可及时请教老师，也可与其他同学相互之间展开讨论，但对实训任务必须独立完成。

3．按实训指导书的要求编写实训报告。实训结束后，要对实训情况编写实训报告，总结实训的心得体会和收获。实训报告是按实训指导书要求编制的实训结果（包括各种凭证、账表等）。其内容包括：实训项目、实训目的与要求、实训用品、实训取得的主要数据、通过实训取得的主要收获和体会，以及对实训教学的意见和建议、指导教师意见等。实训报告的写作，要求文字叙述精炼、通顺、层次分明。实训报告的参考格式如表1-1所示。

表 1-1

实 训 报 告

报告人：
报告时间：

一、实训项目
二、实训目的与要求
三、实训用品 收款凭证（ ）张；付款凭证（ ）张；转账凭证（ ）张；账簿（ ）户（页）； 会计报表（ ）种（ ）张
四、实训取得的主要数据
五、通过实训取得的主要收获和体会
六、对实训教学的意见和建议
七、指导教师意见

4. 学生在实训中的操作技术应遵守以下一般要求。

(1) 规范。它是指学生在模拟实训中必须严格按照会计制度规定进行实务操作。规范、统一的实务操作是模拟实训真实性的具体体现，只有这样，才能真正做到真刀实枪地操练，起到模拟实训的作用。

(2) 准确。它是指学生在模拟实训中的文字表述和数字计算必须准确无误。不但表示数量、金额的数字不能计算有误，而且文字表达也要恰如其分，不得模棱两可、含糊不清。文字表达和数字计算的准确无误，是模拟实训的一个基本要求，只有这样，才能真正提高学生的写、算、报的能力。

(3) 清楚。它是指学生在模拟实训中的文字或数字书写要清晰、工整，不得潦草。会计凭证、会计账簿和会计报表是非常重要的会计档案，因此，从会计凭证的填制、账簿的登记，到会计报表的编制是一项非常严肃的工作。学生在模拟实训中的文字和数字的书写一定要工整、清晰，易于辨认，不能龙飞凤舞，不得随意涂改、挖补、刮擦或用药水清除字迹。只有书写工整、清晰，才能减少记账差错，也才能便于有关部门或人员使用会计资料，学生在实训中必须加强书写的基本功训练。

(4) 及时。它是指学生在实训中必须按照经济业务发生的时间及时进行账务处理。从实际工作来讲，会计核算不及时，所提供的经济信息就会失去应有作用，就不能及时发现问题，采取措施，改进工作，提供的会计信息就会失真。从模拟实训来讲，如果账务处理不及时，就会影响整个实训进度，以致完不成实训任务。因此，时间就是效率，学生在实训过程中必须增强时间观念，按照经济业务发生的时间和实训计划的安排，及时进行会计实务处理。

第四节 实训考核方法

一、实训考核总体要求

为使实训教学收到良好的效果，必须加强对实训教学质量的评价考核，对学生实训成绩作出全面客观的评价。在整个实训教学中对学生的考核要求有以下几点。

1. 实训态度端正，上课认真听课，按时做好实训，独立思考，不懂即问。
2. 掌握实训方法。
3. 掌握基本操作技能。
4. 具有一定的分析及处理问题和创新工作的能力。

二、实训评分参考标准

实训评分参考标准如下。

优：90～100 分。
良：80～89 分。
中：70～79 分。
及格：60～69 分。
不及格：60 分以下。

三、分数比例

分数比例如下。
正确性：70 分。
实训态度：20 分。
实训纪律：10 分。

第二章　会计基础知识单元

“新编基础会计实训教程”是一门将基础会计理论与会计实务操作相结合，以培养和提高学生专业技能为目的的基础实训课程。为了更好地适应社会主义市场经济体制和建立现代企业制度对会计专业人才的需求，在会计教学中，既要注重基本技能和实际操作能力的培养，强化实践性教学环节，还要加强基本理论和基础知识的教学。要通过实训，使学生能掌握和巩固所学的会计基本理论、基本技能，提高对会计的感性认识，巩固和提高基础会计的课堂教学效果和培养学生的实际操作能力。

第一节　基础会计实务操作的方法

一、基础会计实务操作方法

（一）基础会计实训的操作方法

会计方法由会计核算、会计检查和会计分析等方法所组成。会计核算是用以记录经济业务、计算经营成果、进行日常监督和提供报表资料的方法；会计检查是根据会计核算资料，检查经济活动的合法性、合理性和核算资料正确性的方法；会计分析是利用会计核算资料和其他有关资料考核计划和预算的完成情况，研究经济活动效益的方法。会计对单位经济活动全面核算和监督就是通过这些方法来实现的，而其中会计核算方法是基础。基础会计实务操作就是运用会计核算的专门方法，对单位发生的经济活动进行核算和监督。会计核算方法主要包括：设置会计科目和账户、复式记账、审核和填制凭证、登记账簿、进行成本计算、财产清查和编制会计报表。这些专门方法不是孤立的，而是相互联系、密切配合的，它形成了一个完整、统一的会计核算方法体系。

在会计核算方法体系中，其基本工作程序主要有 3 个环节，即填制凭证、登记账簿和编制报表。在任何一个会计期间，经济业务的发生都要通过这 3 个环节来进行会计核算。由于各个会计期间的经济业务是连续不断地重复发生的，会计核算程序和步骤也就会周而复始、不断循环，形成了会计核算工作循环。基础会计实务操作主要是强调对发生的经济业务在填制记账凭证，登记账簿和编制会计报表这 3 个环节上的模拟操作。

（二）基础会计实训的基本内容

1．分析经济业务，审核原始凭证。分析发生的经济业务，审核外来原始凭证或填制自制原始凭证，对发生的经济业务按照会计要素进行分类。

2．填制记账凭证，登记总账及明细账。根据审核无误的原始凭证，运用借贷记账法登记各种记账凭证，审核记账凭证并登记相关的总分类账及明细分类账。

3．编制会计报表。根据结账后的各种账簿进行试算平衡并编制资产负债表与利润表两种会计报表。

（三）基础会计实训的操作流程

基础会计实训的操作流程如图 2-1 所示。

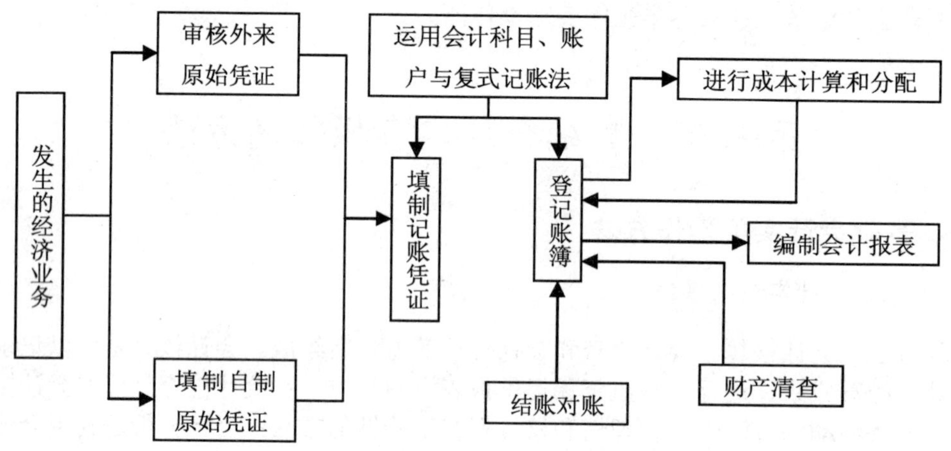

图 2-1 基础会计实训的操作流程

二、会计核算方法、原则在模拟操作中的应用

（一）会计核算方法在基础会计实务操作中的应用

1．会计科目设置。由于我国经济体制改革和会计制度的改革尚在进行中，考虑到本教材的总体建设体系，主要参照了现行颁布的《企业会计制度》。在具体设置科目时考虑了教学要求，也考虑了实际操作的需要，主要设置了五大类科目：资产、负债、所有者权益、成本及损益类。

2．记账方法选用。根据 2006 年 2 月财政部颁布的《企业会计准则》，企业会计采用借贷记账法为记账方法。

在实务操作中，学生通过记账凭证的填制、账簿登记加深对借贷记账法的理解，并掌握借贷记账法。

3．凭证填制。凭证填制是会计账务处理程序的中间环节，在本教材中考虑到实际工作的需要，将原始凭证与记账凭证的审核与填制通过出纳业务实训单元和会计凭证审核与填制实训单元分别练习。

4．账簿登记。因为各个单位的经济性质不同，在管理上各有特点，所以在账簿的设置上也有所不同。但是，从总体上来看，都需要设置总账、明细账及日记账。在本教材中，从基础会计实务操作出发，设置了各种分类账、明细分类账以及库存现金和银行存款日记账，同时说明了各种账簿的登记方法及错账的更正方法。

5．报表编制。报表编制是会计账务处理程序的最后环节，是会计核算工作质量的综合反映。目前，根据我国会计制度的有关规定，企业主要报表有资产负债表、利润表（月报）、现金流量表（年报）；事业单位的主要报表有资产负债表、收入支出表、基建投资表等。本教材的实务操作，主要以企业的经济活动为模拟操作对象，只要求填列资产负债表和利润表。

（二）会计核算基本原则在模拟操作中的应用

会计核算的基本原则主要包括 13 条，在基础会计实务操作中主要强调其中的 6 条。

1．真实性（客观性）原则。真实性原则是会计核算的首要原则。因此，我们在实务操作中，无论是业务发生、凭证格式、凭证类别、各类账簿及报表，都要力求与实际一致或接近。另外，在教学大纲中，要求会计操作应在实训室中进行，以加强学生的真实感。

2．相关性原则。在实务操作中，我们采用统一的会计科目（以企业会计制度为参照）、规范的会计核算方法、标准的会计报表来体现相关性原则，以便于学生加强对会计科目的理解，并保证会计信息资料能满足不同会计主体的需要及要求。

3．明晰性原则。明晰性原则是会计核算的基本原则。因此，我们在实务操作中，应始终贯彻该原则，尤其应强调错账更正后的清晰性。

4．一贯性原则。一贯性原则主要体现在会计核算方法的应用上，在实务操作中我们采用了规范的会计核算方法（存货发出采用后进先出法等），并强调会计处理方法前后各期应当一致，一经确定不得随意改变。

5．权责发生制原则。权责发生制是确定企业当期损益的重要原则，也是企业会计的记账基础。各个会计期间是否正确执行该原则，还会影响企业相关税费的计算。在操作中，我们为体现该原则而设置了“预收账款”与“预付账款”账户。

6．配比原则。配比原则与权责发生制原则既有区别，又有联系。在实务操作中，主要是通过收入与费用的确认、利润的计算来体现的。

第二节 期初建账

建立账簿是企业单位进行会计核算的起点。由于各单位的会计核算建立在持续经营和会计分期假设基础之上，因此，在每个会计期初，应将上期期末各账户的期末余额过入本期各账簿中，作为期初余额；同时对期末无余额的账户或未开设的账户，比如损益类账户，对企业新建立的客户流，也要按照企业的实际需要建立账簿；同时企业在结束旧账时也应开设新账，这个过程就是所谓的期初建账。

一、账簿的开启

年度开始建立新账时，应在账簿的扉页上填制“账簿启用表”和“经管账簿人员一览表”，详细填明：企业名称、账簿编号、账簿页数（如为活页账应在装订成册后写明页数）和启用日期等，格式如表 2-1 所示。

表 2-1

账簿启用及交接表

<table>
<tr><td colspan="2">单位名称</td><td colspan="5"></td><td colspan="4">印鉴</td></tr>
<tr><td colspan="2">账簿名称</td><td colspan="5">（第 册）</td><td colspan="4" rowspan="4"></td></tr>
<tr><td colspan="2">账簿编号</td><td colspan="5"></td></tr>
<tr><td colspan="2">账簿页数</td><td colspan="5">本账簿共计 页（检点人盖章）</td></tr>
<tr><td colspan="2">启用日期</td><td colspan="5">年 月 日</td></tr>
<tr><td rowspan="3">经管人员</td><td colspan="2">负责人</td><td colspan="2">主办会计</td><td colspan="2">复核</td><td colspan="4">记账</td></tr>
<tr><td>姓名</td><td>盖章</td><td>姓名</td><td>盖章</td><td>姓名</td><td>盖章</td><td colspan="2">姓名</td><td colspan="2">盖章</td></tr>
<tr><td></td><td></td><td></td><td></td><td></td><td></td><td colspan="2"></td><td colspan="2"></td></tr>
<tr><td rowspan="5">接管记录</td><td colspan="2">经管人员</td><td colspan="4">接 管</td><td colspan="4">交 出</td></tr>
<tr><td>职别</td><td>姓名</td><td>年</td><td>月</td><td>日</td><td>盖章</td><td>年</td><td>月</td><td>日</td><td>盖章</td></tr>
<tr><td></td><td></td><td></td><td></td><td></td><td></td><td></td><td></td><td></td><td></td></tr>
<tr><td></td><td></td><td></td><td></td><td></td><td></td><td></td><td></td><td></td><td></td></tr>
<tr><td></td><td></td><td></td><td></td><td></td><td></td><td></td><td></td><td></td><td></td></tr>
<tr><td rowspan="2">备注</td><td></td><td></td><td></td><td></td><td></td><td></td><td></td><td></td><td></td><td></td></tr>
<tr><td></td><td></td><td></td><td></td><td></td><td></td><td></td><td></td><td></td><td></td></tr>
</table>

启用订本式账簿，应从第一页到最后一页顺序编定页数，不得跳页、缺页。使用活页式账页，应按账户顺序编列分页号：一个账户编一个号，如果一个账户记载两页以上账户时，可采用“分页号”编号。例如某账户的分页号 2 号有 3 页时，分页号编为 1/2、2/2、3/2。年终将活页式账页装订成册，装订后再按实际使用的账页顺序编定页数，另加账户目录，格式如表 2-2 所示。

表 2-2

账 户 目 录

分页号	科目名称	页码	分页号	科目名称	页码	分页号	科目名称	页码

二、建立总分类账

（一）总分类账的格式

1．三栏式总分类账：即账面按借、贷、余三栏设置，大多数企业采用此种格式，如表 2-3 所示。

表 2-3

总 分 类 账

会计科目名称及其编号：　　　　第　　页

年		凭证编号	对方科目	摘要	借方	贷方	借或贷	余额	核对号
月	日								

2．多栏式总分类账：设月初余额、本期发生额和月末余额等栏目，每一会计科目集中记载 1 行，按旬汇总，按月平衡，如表 2-4 所示。多栏式总分类账适用于使用会计科目较少的单位，一般采用订本式账户。

表 2-4

总 分 类 账

年　　月

会计科目	月初余额	1～10 日发生额		11～20 日发生额		21～31 日发生额		月末余额
		借方	贷方	借方	贷方	借方	贷方	
资产类 …… 小　计								
负债类 …… 小　计								
所有者权益类 …… 小　计								
收入类 …… 小　计								
费用类 …… 小　计								

（二）填写总分类账目录

总分类账目录页会计科目填写的顺序一般以企业会计制度设定的会计科目顺序为依据，并结合企业实际业务特点设定，这样有利于报表的编制。

（三）总分类账期初余额的登记

各总分类账账户期初余额的登记方法基本相同，只是不同性质的账户在余额的登记方向上有所不同。

三、建立日记账

日记账包含库存现金日记账与银行存款日记账，所有经济单位都应设置库存现金、银行存款日记账，用以序时核算库存现金和银行存款的收入、付出和结存情况，借以加强对货币资金的管理。

库存现金日记账是由出纳人员根据审核无误的现金收、付款凭证，按照经济业务发生的先后顺序，逐日逐笔登记的账簿。每日终了应结出库存现金余额。库存现金日记账一般采用订本的借、贷、余三栏式账页。

银行存款日记账的设置与库存现金日记账一样，也由出纳人员根据银行存款收、付款凭证进行登记。每日终了应结出银行存款余额；月份终了，应根据企业银行存款日记账余额与银行对账单余额编制“银行存款余额调节表”。

四、建立明细分类账

（一）明细分类账的格式

在设置总分类账的基础上，还应按照企业核算与管理的要求，设置必要的明细分类账，以进一步记录该总分类账科目的具体、详细情况。明细分类账的格式不固定，一般采用活页式的账簿格式有：三栏式、数量金额式、多栏式等。

（二）填写明细分类账扉页

明细分类账扉页填写与总分类账一样。

（三）三栏式明细分类账期初余额的登记

三栏式明细分类账的格式与总分类账相同，适用于只需要反映金额而不需要数量结算的账户，如“应收账款”、“应付账款”等。有外币往来业务的企业，货币资金、债权及债务应设置外币金额式明细账，以便记录币种与金额。其格式与总分类账簿完全相同，适用于一般账户的明细分类账。

（四）数量金额式明细分类账期初余额的登记

数量金额式明细分类账适用于既进行价值核算，又进行实物数量核算的各种财产物资明细分类账户核算，如“原材料”、“半成品”、“库存商品”等。分别设置“收入”、“发出”和“结存”三栏，每栏分设数量、单价和金额，如表 2-5 所示。

表 2-5

数量金额式明细分类账

年		凭证		摘要	收入			发出			结存		
月	日				数量	单价	金额	数量	单价	金额	数量	单价	金额

（五）多栏式明细分类账期初余额的登记

多栏式明细分类账是根据企业经济业务的特点和经营管理的需要，在每一张账页上按明细科目分设若干专栏，集中反映有关明细项目的核算资料。按明细账登记的经济业务不同，多栏式明细账又可分为借方多栏（如制造费用明细账）、贷方多栏（如其他业务收入明细账）和余额多栏（如固定资产、库存商品明细账），格式如表 2-6、表 2-7、表 2-8 所示。

表 2-6

借方多栏式明细分类账

年		凭证		摘要	借方					贷方	余额
月	日								合计		

表 2-7

贷方多栏式明细分类账

年		凭证		摘要	借方	贷方					余额
月	日									合计	

表 2-8

余额多栏式明细分类账

年		凭证		摘要	借方	贷方	余额				
月	日										合计

第三节　会计凭证的填制和审核

一、原始凭证的填制

实训中涉及的银行结算方式、增值税等有关内容在基础会计中尚未学习的，指导教师应将基本内容做简要介绍。

（一）原始凭证填制的基本要求

1．真实可靠。要如实填列经济业务的内容和数字，不弄虚作假，不得涂改、挖补。

2．内容完整。应该填写的项目要逐项填写（接受凭证方应注意逐项检查），不可缺漏，尤其需要注意的是年、月、日要按照填制原始凭证的实际日期填写；名称要写完整，不能简化；品名或用途要填写明确，不能含糊不清；有关经办业务人员的签章必须齐全。

3．填制及时。每当一项经济业务发生或完成时，要立即填制原始凭证，做到不积压、不误时、不事后补制。

4．书写清楚。原始凭证上的数字和文字要认真填写，做到字迹清晰、整齐、容易辨认。一旦出现书写错误，不得随意涂改、刮擦、挖补，应按规定办法更改。有关货币金额收付的原始凭证，如果填写错误，不允许在凭证上进行更改，只能加盖“作废”戳记，重新填写，以免错收错付。

5．次序使用。收付款项或实物的凭证要按顺序或分类编号。在填制时按照编号的次序使用，跳号的凭证应加盖“作废”戳记，不得撕毁。

6．从外单位取得的原始凭证必须盖有填制单位的发票专用章或财务专用章；从个人取得的原始凭证必须有填制人员的签名或盖章。自制原始凭证必须有经办部门负责人或其指定人员的签名或者盖章；对外开具的原始凭证必须加盖本单位具有法律效力和规定用途的专用章，如业务公章、财务专用章、发票专用章、收款专用章等。

7. 购买实物的原始凭证必须有验收证明。实物购入后，要按照规定办理验收手续，这有利于明确经济责任，保证账实相符，防止盲目采购。需要入库的实物，必须填写入库验收单，由仓库保管人员在入库验收单上如实填写实收数额，并签名或盖章。不需要入库的实物，由经办人员在凭证上签名或盖章以后，必须交由实物保管人员或使用人员进行验收，并由实物保管人员或使用人员在凭证上签名或盖章，经过购买人以外的第三者查证核实以后，会计人员才能据以报销付款并做进一步的会计处理。

8. 一式几联的原始凭证，必须用双面复写纸套写或其本身就具备复写功能；必须注明各联的用途，并且只能以一联用作报销凭证；必须连续编号，作废时加盖“作废”戳记，连同存根一起保存。

9. 发生销货退回及退还货款时，必须填制退货发票，并且附有退货验收证明和对方单位的收款收据，不得以退货发票代替对方的收据。如果情况特殊，可先用银行的有关凭证，如汇款回单等，作为临时收据，待收到收款单位的收款证明以后，再将其附在原付款凭证之后，作为正式原始凭证。

10. 职工因公出差借款应填写正式收据，附在记账凭证之后。职工借款时，应由本人填制借款单，经审核并签名或盖章，然后办理借款。借款收据是此项借款业务的原始凭证，在收回借款时，应当另开收据或者退还借款收据的副本，不得退还原借款收据。

11. 经上级有关部门批准的经济业务，应当将批准文件作为原始凭证附件。如果批准文件需要单独归档的，应当在凭证上注明批准机关名称、日期和文件字号。

（二）现金支票填制及使用要求

1. 单位应在开户银行的账户或核准经费户的余额内签发支票，每张支票金额不能低于规定的起点。

2. 每个账户使用的支票不得移用于其他账户，预算单位签发的支票，不能跨年使用。

3. 现金支票一律为记名式，用于提取现金，但不得流通转让。

4. 单位签发支票时，必须使用碳素墨水或墨汁，按支票簿排定的页数顺序填写，字体不要潦草，也不要使用红色或易褪色的墨水。除“开户银行名称”、“签发单位账号”、“总字第×号”及“银行会计分录”四栏是由银行使用不必填写外，其他各栏必须填写清楚，并注意下列各点。

（1）“签发日期”应填写实际出票日期，不得补填或预填日期；填写日期必须使用汉字大写，并且在填写月、日时，若月为壹、贰的，日为壹至玖的，应在其前面加“零”；日为拾壹至拾玖的，应在其前加“壹”，以防涂改。如 1 月 19 日应写为：零壹月壹拾玖日；1 月 15 日应写为：零壹月壹拾伍日。对“收款单位（收款人）名称”栏必须填写清楚，如是本单位自行提取现金可填为“本单位”；对“用途或预算科目或现金出纳计划项目”栏除预算科外，非预算单位只填明用途。

（2）大、小写金额必须填写齐全并相符，如有错误不得更改，应另行签发，其他各栏填错，可在改正处加盖预留印鉴，予以证明。另外，在小写金额前应加填货币符号，如人民币用“￥”，美元用“$”等。

5．“签发单位名称”一栏应填写清楚；“签发单位签章”处应按预留印鉴分别签章，即“企业财务专用章”和“法人代表章”或“企业财务主管章”；缺漏签章或签章不符时银行不予受理。

6．作废的支票不得扯去，应由签发单位自行注销，与存根折在一起加以保管，在结算销户时，连同未用空白支票一并缴还银行。

7．存根联下端的“收款人签收年、月、日”栏，由收到支票的人员填写或签章。

8．在实际工作中，现金支票为一联，将无误的支票按虚线撕开后持正本向银行提取现金，存根联作企业记账的依据。

9．收款人凭现金支票正本支取现金时，须在支票背面背书（盖收款人的公章或名章、填写本人身份证号码等），然后持票到签发人的开户银行支取现金，并按照银行的需要交验证件。背书也可按表 2-9 所示的样式进行填写。

表 2-9

背　　书

单　　位	
姓　　名	
工作证号码 身份证号码	

已签发的现金支票遗失，可以向银行申请挂失。挂失前已经支付，银行不予受理。

（三）材料入库单使用说明及传递流程

材料入库单使用说明如下。

1．供销部门有关人员根据购货单位的发票和提货通知等凭证填写材料入库单，通知仓库办理验收入库。

2．仓库验收入库后将材料入库单的第三联、第四联分别传递给财会部门和统计部门。

3．财会部门据以办理货款结算和账务处理的有关事项。在实际工作中，材料入库单为一式多联，用蓝色圆珠笔复写。

材料入库单的传递流程如图 2-2 所示。

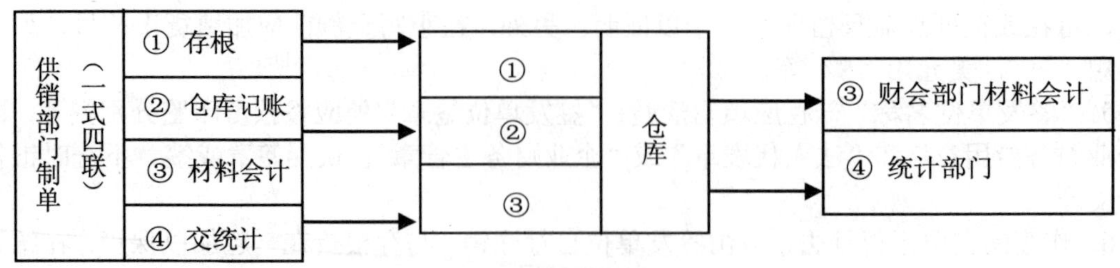

图 2-2 材料入库单传递流程图

（四）转账支票的填制和使用要求

转账支票是付款人签发并委托银行将款项（非库存现金）支付给收款人或持票人的一种票据。转账支票的填制和使用要求如下。

1. 单位应在开户银行的账户的余额内签发支票，每张支票的金额不能低于规定的起点，不能签发空头支票、空白支票和远期支票。

2. 一个账户使用的支票不得移用于其他账户；预算单位签发的支票不能跨年使用。

3. 转账支票一律为记名式，只能转账，不能提取现金，也不得流通转让。

4. 单位签发支票时，必须使用蓝黑或碳素墨水，按支票簿排定的页数、顺序填写，字体不要潦草，也不要使用红色或易褪色的墨水填写。除“开户银行名称”、“签发单位账号”、“总字第×号”及“银行会计分录”四栏是由银行使用不必填写外，其他各栏必须填写清楚，并注意以下各点。

（1）“签发日期”应填写实际出票日期，不得补填或预填日期；填写日期必须使用汉字大写；对“收款单位名称”栏必须填写清楚；对“用途或预算科目”栏，除预算单位应填写预算科目外，国有企业及其他非预算单位只填明用途即可。

（2）大小写金额必须填写齐全并相符，如有错误不得更改，应另行签发。其他各栏填错，可在改正处加盖预留印鉴，予以证明。另外，在小写金额前应加填货币符号，如人民币用“￥”，美元用“$”等。

5. “签发单位名称”栏应填写清楚；“签发单位签章”处应分别签章，缺漏签章或签章不符时，银行不予受理。

6. 作废的支票不得扯去，应由签发单位自行注销，与存根折在一起加以保管，在结算销户时，连同未用空白支票一并缴还银行。

7. 支票一律记名。中国人民银行总行批准的地区转账支票可以背书转让。

8. 支票付款期为 5 天（背书转让地区的转账支票付款期为 10 天。从签发的次日算，到期日遇节日顺延）。

9. 签发人必须在银行账户余额内按照规定向收款人签发支票。对签发空头支票或印章与预留印鉴不符的支票，银行除退票外并按票面金额给以 5%但不低于 50 元的罚款。对屡次签发的，银行根据情节给予警告、通报批评，直至停止其向收款人签发支票。

10．已签发的转账支票遗失，银行不受理挂失，可请求收款人协助防范。

11．在实际工作中，转账支票为一联，将填制无误的支票按虚线撕开，正本交给采购员使用（交给收款人），支票存根连同供应单位开出的发票联作为记账的依据。

（五）增值税专用发票填写及使用要求

1．用票单位取得经营收入时使用蓝色或黑色复写纸，发生冲减经营收入时使用红色复写纸，填写时必须一次性复写，不得将各联分别填写。

2．按顺序号码使用，填写时要字迹清楚，不得省略，不得涂改、挖补。作废的发票要加盖（或注明）“作废”字样，并把原有的各联附在存根联上。已用发票的存根必须按规定的期限交税务部门验收。

3．开票日期按公历用阿拉伯数字填写。单位名称填写全称，地址、电话不省略。纳税人识别号按全国统一的税务登记证件代码（十五位数）填写。开户银行及账号按购货单位开户行名称和支票注明账号填写，以库存现金购货的先询问开户银行及账号后再行填写。

4．“货物或应税劳务名称”栏可填写货物名称或应税劳务种类等，不同货物或应税劳务名称应分别填列，一份发票最多填写 3 种货物或应税劳务名称。

5．“规格型号”、“单位”、“数量”栏可填写货物的规格型号、单位和数量。

6．“金额”栏应填写不含税的销售额，在票面上反映的是数量乘以单价的积。“金额合计”栏应填写本份发票所填开的不含税销售额之和，计量单位、数量、单价的合计栏不填写。

7．“税率”栏应填写依据税收法规所确定的税率，“税率合计”栏不填写，“税额”栏应填写金额乘以税率所得的积，“税额合计”栏应填写本份发票税额合计数。

8．“价税合计”栏应填写金额合计加税额合计之和，并用汉字大写数字和阿拉伯数字同时填写。

9．“销货单位”和“名称”、“纳税人识别号”、“地址、电话”、“开户银行及账号”等可以事先填写，也可以按票面规格刻制出图章事先加盖。上述项目一经发生变化应立即变更。

10．“收款人”栏由收款人（开票人）签字或签章，姓名不得省略。“销货单位”栏应加盖税务机关的发票发售部门预留印鉴的“发票专用章”，第一联、第四联不用加盖。

11．每本发票使用完毕，应将全本发票的金额合计数填写在发票封皮的右上角，以备查核。

12．增值税专用发票各联的用途（增值税发票手工填为四联，计算机填为七联）如下。

第一联：存根联，销货单位留存备查。

第二联：发票联，购货单位记账。

第三联：抵扣联，购货单位作抵扣税款凭证。

第四联：记账联，销货单位记账。

（六）进账单填制使用说明

进账单是存款人向开户银行存入从外单位取得的转账支票等需委托银行收款时填制的单证，一般一式三联。填好后连同转账支票正本送银行受理或收款后在回单或收款通知联上盖“已收理”或“转讫”（转账收讫）章，退给单位。企业根据收账通知联，作已收款记账依据。

进账单各联的用途如下。

第一联：银行交给收款人的回单，受理回单。

第二联：收款人开户银行作为贷方凭证。

第三联：银行给收款人的收账通知，收款人据此联记账。

（七）领料单使用说明及传递流程

领料单使用说明如下。

1．领料部门按规定填写领料单（请领数量）送交仓库。

2．仓库对领料单审核后发料（实发数量），并将领料单的第三、四联分别送交财会部门和统计部门。

3．财会部门根据领料单进行价值核算。

4．领料单有一单一料、一单多料和限额领料单多种格式。在实际工作中，领料单一般为一式多联，用蓝色圆珠笔复写。

领料单的传递流程如图 2-3 所示。

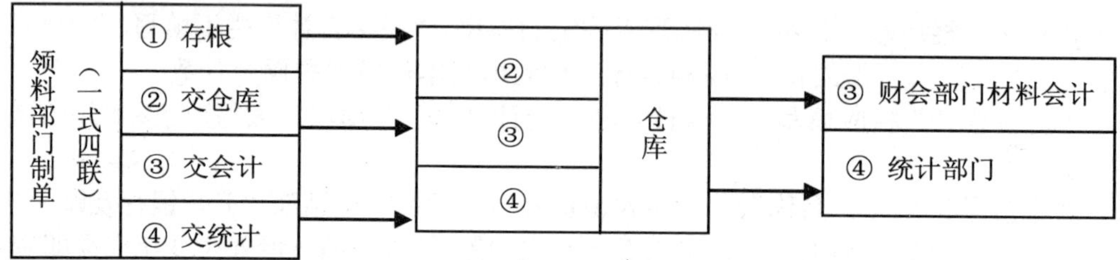

图 2-3　领料单的传递流程

（八）收据使用说明及传递流程

收据使用说明如下。

1．收款单位根据交款人交来的款项填写收据，应写明交款单位。

2．当面清点交款数额后，将收据给交款人留存。在实际工作中，收据一般是一式多联，用蓝色圆珠笔复写。

收据的传递流程如图 2-4 所示。

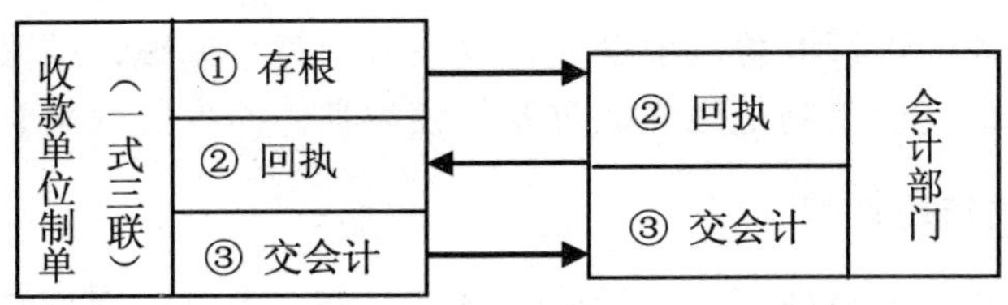

图 2-4　收据的传递流程

（九）企业差旅费的有关规定和差旅费报销单的填制说明

1．企业差旅费的有关规定。

在实际工作中，各单位差旅费的有关规定各不相同，主要有以下几个方面。

（1）每天途中伙食补贴标准。

（2）每天住宿费标准。

（3）火车费、船费、长途汽车费及市内交通费等实报实销。

2．差旅费报销单的填制说明

（1）差旅费报销单是企业派出的公司人员返回单位报销差旅费时填制的报销凭证。

（2）差旅费报销单为单联式，由报销人填制，然后交财会科作为现金退补的依据。

（3）各种单证由出差人依据车船票、住宿费收据等整理、归类填写，将原始票据附在报销单后面或将原始票据分类粘贴在粘贴纸上，附在报销单后。途中伙食补助费和住宿费按差旅费规定的标准计算、填写。

二、记账凭证的填制

（一）确定采用记账凭证的种类

1．应确定采用哪种格式的记账凭证。若企业规模大，收付款业务多，宜选择采用专用凭证；若企业规模小、业务少，宜选择采用通用记账凭证；若为了集中反映账户对应关系，便于查账，减少凭证数量，宜选择采用复式凭证；若为了分工汇总、记账、加速账务处理工作，宜选择采用单式凭证。

2．若选择采用专用凭证，在接到原始凭证并据以填制记账凭证时，还要具体确定填制收、付、转哪一种专用凭证。一般来说，若为收款业务应填制收款凭证；若为付款业务应填制付款凭证；若为转账业务应填制转账凭证。但是，对于库存现金和银行存款之间及各种银行存款之间相互划转的业务，如从银行提取现金或把现金存入银行，要注意只填制付款凭证，不填制收款凭证，以免重复记账。

（二）必须根据审核无误的原始凭证填制记账凭证

记账凭证可以根据一张或若干张反映同一经济业务的原始凭证填制，也可以将若干张同类经济业务的原始凭证进行汇总，根据汇总表填制。对于调整、结账、转账以及更正错账，一般没有原始凭证，但填制记账凭证时要作较为具体的说明或附有自制的计算单。

（三）填写记账凭证的日期

填写日期一般是会计人员填制记账凭证的当天日期，也可以根据管理需要，填制经济业务发生的日期或月末日期。因此，它可以与所依据的原始凭证日期一致，也可能不一致。一般来说，记账凭证的填写日期具体要求是：报销差旅费填写报销当日日期；现金收付填写收付日期；银行收款业务填写财会部门收到银行进账单或银行回执的戳记日期，但当实际收到进账单日期与银行戳记日期相隔较远，或当日收到上月银行收款凭证，则应按财会部门实际办理转账业务的日期填写；银行付款业务，应填写财会部门开出付款单据或承付的日期；属于计提费用、分配利润等转账业务应填写当月最末日期。

（四）填写记账凭证的编号

记账凭证编号必须连续，不得跳号、重号。当月记账凭证的编号，可以在填制当日填写，也可以在月末或装订记账凭证时填写。业务量大的单位，可使用“记账凭证编号单”，事先在编号单上印好顺序号，编号时用一个销一个，在装订凭证时将编号单附上，使编号和张数一目了然，便于查考。在具体编号时，可采用统一编号和分类编号两种方法。统一编号较适用于通用凭证，即将全部凭证作为一类统一编号。分类编号较适用于专用凭证，它又分为两种方式。

1．现金收付、银行存款收付和转账业务三类，分别起头，连续编号，这种凭证编号应分为收字第×号、付字第×号、转字第×号。

2．现金收入、现金付出、银行存款收入、银行存款付出和转账业务五类，分别起头，连续编号，这种凭证编号应分为现收字第×号、现付字第×号、银收字第×号、银付字第×号、转字第×号。

如果一笔经济业务需要填制两张以上复式记账凭证，可采用“分数编号法”编号。如第 15 号记账凭证的经济业务需填制 3 张记账凭证，可编转字第$15\frac{1}{3}$号、转字第$15\frac{2}{3}$号、转字第$15\frac{3}{3}$号。该项经济业务，即 15 号凭证共有 3 张，分子 1、2、3 则分别表示它们是 15 号凭证的第 1 张、第 2 张和第 3 张。记账凭证无论是统一编号，还是分类编号，每一会计期间都必须按当月起从 1 号重新起编，不得采用按年或按季连续编号的方法。

（五）填好摘要

摘要一栏，是填写该记账凭证反映的经济业务内容。它没有统一模式，应因事而异，详略不同。填写的基本要求是真实准确、简明扼要。其中收付款业务要写明收付款对象及款项内容，使用支票的，应填写支票号码；购买物资业务要写明供货方及主要品种、数量；债权债务业务应写明对方名称、经手人及发生时间；溢缺事项应写明发生部门、原因及责任人；对于冲销或补充等更正差错事项，应写明“注销×月×日×号凭证”或“订正×月×日×号凭证”字样；若一张或几张原始凭证需填制两张以上记账凭证而其只能附在一张之后，则应分别写明“本记账凭证附件包括×号记账凭证业务”或“原始凭证附在×号记账凭证后面”等字样。

（六）准确填写账户名称并正确反映借贷方向

账户名称，即会计科目，应填写全称，不得简写或只写编号而不写名称，不得用“..”符号代表。要写明必要的二级科目及明细科目，以便登记明细账。账户的借贷方向要正确，或以账户体现出来，或以金额体现出来。填写账户名称时先写借项，后写贷项。不能把不同内容、不同类型的业务合并，编制一组会计分录，填制在一张凭证上；也不能人为地把一笔业务任意割裂开填制在几张凭证上。原则上一笔经济业务编制一张记账凭证。

（七）金额栏数字的填写

记账凭证的金额必须与所附原始凭证的金额相符。填写金额时，阿拉伯数字要规范，写到格宽的二分之一，并平行对准借贷栏次和科目栏次，防止错栏串行。金额数字要写到分位，角分位没数字也要填上“00”，角分位的数字或零，要与元位的数字平行，不得上下错开。要在金额合计行填写合计金额，并在前面写上“￥”符号。不是合计金额，则不填写货币符号。填写金额（包括文字）不得跳行，对多余空行，应划斜线或“S”形线注销。划线应从金额栏最后一笔金额数字下的空行划到合计数行上面的空行，要注意两端都不能划到金额数字的行次上。

（八）所附原始凭证张数的计算和填写

记账凭证后附的主要有原始凭证、原始凭证汇总表、计算单、分配表、批准文件等。附件张数应用阿拉伯数字填写在指定位置。附件张数的计算方法有两种。

1. 按构成记账凭证金额的原始凭证或原始凭证汇总表计算张数，原始凭证或原始凭证汇总表所附的单据，只作为附件的附件处理。如差旅费、市内交通费、医药费等单据，因数量多，可粘在一张表上，作为一张原始凭证附件，但该表上同样要注明原始单据的张数。

2. 以所附原始凭证的自然张数为准，有一张算一张。

（九）记账凭证的签章

记账凭证填制完成后，要由有关人员签名或盖章，以示负责。签名时要写姓名全称，不得任意简化，以免混淆。一般程序中，填制人员填写完毕后先签章，再由稽核人员审核后签章，之后由会计主管人员复核后签章，最后记账人员在据以记账后签章。另外，收付款凭证，还必须由出纳人员签章，表明其是否对该项款项进行了收付。

（十）过账符号栏

过账符号栏是在根据该记账凭证登记有关账簿以后，在该栏注明所记账簿的页数划“√”，表示已登记入账，避免重记、漏记，在没有登账之前，该栏没有记录。

三、原始凭证的审核

（一）审核的总体要求

《中华人民共和国会计法》规定，会计机构、会计人员必须审核原始凭证，这是法定职责。会计机构、会计人员审核原始凭证时，应当按照原始凭证的填制要求进行，即审核原始凭证的填制是否真实、完整、清晰，数字的填写是否规范，计算是否准确，大小写金额是否一致等，有无涂改、刮擦、挖补等伪造凭证的情况，还要审核有关部门是否签章等。

会计机构、会计人员对不真实、不合法的原始凭证有权不受理，并向单位负责人报告，请求查明原因，追究有关当事人的责任；对记载不准确、不完整的原始凭证应退回并要求经办人员按照国家统一的会计制度的规定进行更正、补充。

对手续不全、编号不符合要求或者计算有错误的，应向经办人员说明情况，让其补办手续或者改正。

对违反制度和法令的一切收支，会计人员有权拒绝付款、拒绝报销或拒绝执行，并向本单位领导报告。

对伪造凭证、涂改凭证和虚报冒领等不法行为，会计人员应扣留原始凭证，向领导提出书面报告，请求严肃处理。

（二）审核的具体要求

1．凭证上记载的内容必须真实可靠，不允许有任何的歪曲和虚假。从外单位获取的原始凭证如果出现遗失，应取得原签发单位盖有“财务专用章”的证明，证明应注明原始凭证的号码和所记载的内容，由经办单位负责人批准后，代作原始凭证；对遗失后确实无法获得证明的，如火车票等，可由当事人写出详细情况，由经办单位负责人批准后代作原始凭证。

2．填制的原始凭证必须做到手续完备，符合会计主体的内部牵制制度的要求。从外部获得的原始凭证必须有填制单位的公章或财务专用章及填制人员的签章。自制原始凭证必须有相关部门和经办人员的签名或签章。购买实物的原始凭证，必须要有实物验收单作证。

3．原始凭证的内容必须填写完整，而且必须做到书写清楚、规范。原始凭证中的各项内容都必须详尽填写，不得漏填或省略不填。凡项目填写不全的凭证，都是无效凭证。凭证上的文字、数字的书写必须做到字迹工整、清晰、容易辨认。凡设有大小写金额的原始凭证，其大写金额必须与小写金额相符。原始凭证填写出现错误时，应当由出具单位重开或者更正，更正处应加盖出具单位印章。原始凭证金额有错误的，不能在凭证上修改，应按规定的手续注销留存（原开出单位留存），由出具单位另行重新填写。

4. 原始凭证必须连续编号，以备查考。一些事先编好号码的重要凭证（如发票）作废，应在作废凭证上加盖“作废”的戳记，连同存根一起保存，不得随意撕毁。

5. 每笔经济业务发生或完成后，经办该业务的部门和人员都必须及时、认真地填写原始凭证，做到不拖延、不积压，并及时地按规定程序把原始凭证送交财会部门。

（三）对原始凭证填写情况的审核

对原始凭证填写情况的审核主要是检查项目填写是否完整，计算是否准确，手续是否完备。

1. 支票。主要审核支票种类是否正确，是否用碳素墨水书写；支票内容、开户行名称、签发人账号、收款人是否正确；用途是否合理；大小写金额是否一致；存根与正本是否相符，签章是否齐全；不准更改的内容是否更改了，允许更改的内容更改后是否加盖了印鉴等。

2. 借款单。主要审核审批人是否签名，大小写金额是否一致，借款人是否签名等。

3. 收据。主要审核交款人、款项内容是否正确，大小写金额是否一致，库存现金收讫章是否加盖等。

4. 发票。主要审核是否印有税务局监制章，购货单位、商品或劳务名称、金额计算是否正确，大小写金额是否一致，是否加盖供应单位发票专用章等。

5. 收料单。主要审核验收是否及时，收料单内容是否与发票一致，发票数量与实收数量是否一致，验收入库是否签名等。

6. 领料单。主要审核金额计算是否正确，签名是否齐全等。

7. 现金存款单。主要审核收款人、账号及开户行名称是否正确，划转和填写金额是否一致等。

8. 转账进账单。主要审核收付款人、账号及开户行名称是否正确，进账单上的金额是否与支票一致，大小写金额是否一致等。

四、记账凭证的审核

所有填制好的记账凭证都必须经过其他会计人员认真审核并签章。加强对记账凭证的审核，是保证会计核算工作质量的重要环节，只有经过审核无误的记账凭证才能作为登记账簿的依据。

记账凭证的审核包括以下主要内容。

1．记账凭证所附的原始凭证是否齐全，两者内容是否相符，其金额与原始凭证的金额或金额合计数是否一致。

2．记账凭证中应借、应贷账户名称是否与经济业务内容相符，账户对应关系是否清楚，应记金额是否正确。

3．记账凭证的手续是否完整，应填项目是否填列齐全，有关人员是否都已经签章。如有手续不完备的应补办完整，方可入账。

4．记账凭证中的记录是否文字工整、数字清晰，是否按规定使用蓝黑墨水或碳素墨水，是否按规定进行更正等。

另外，出纳人员在办理完收付款业务后，应在凭证上加盖收讫或付讫的戳记，以免重复收付。

在会计凭证的审核中发现问题应立即加以解决；对凭证填写错误的要按规定的办法进行更正；对违反财经纪律、财务制度，不按计划、规定、合同办理，以及铺张浪费、营私舞弊等，应拒绝受理、不予报销付款；对一些伪造凭证、涂改单据、虚报冒领等不法行为应及时向有关方面反映，严肃处理。

第四节　记账与结账

一、账簿登记

（一）登账时间

1．日记账的登账时间。出纳人员应根据办理完毕的收付款凭证，逐笔顺序登记库存现金和银行存款日记账，每日终了要结出余额。

2．明细账的登账时间。可根据原始凭证、原始凭证汇总表及记账凭证逐日登记。也可以进行定期登记。但各项债权债务明细账应每日登记，以便随时与对方结算；财产物资明细账也应每日登记，以便随时核对存货余额。

3．总账的登账时间。总账账户要按既定的会计核算程序及时登账，采用记账凭证账务处理程序核算的单位，直接根据记账凭证定期登记总账；采用汇总记账凭证账务处理程序核算的单位，根据汇总收款凭证、汇总付款凭证和汇总转账凭证，进行登记总账；采用科目汇总表账务处理程序核算的单位，根据科目汇总表中各科目发生额的合计数登记总账。

（二）登账规则

1．登记账簿时，应将会计凭证的日期、编号、摘要、金额等逐项登记入账。发现漏记账目时，应进行补记，补记日期应按原记账凭证日期填写，并在“摘要”栏加注“补记”字样。

2．登账后，应在“过账”栏内注明账簿的页数或打“√”表示已过账，以便于查阅、核对，并在记账凭证上签名或盖章。

3．各种账簿必须按事先编写的页码，逐页、逐行顺序连续登记，不得隔页、缺号、跳行。如发生此种情况，应在空页或空行处划对角线注销，并注明“作废”字样，同时由经手人员、会计机构负责人盖章。对各种账簿的账页不得任意抽换和撕毁，以防舞弊。

4．为了保持账目记录的连续性，每一账页登记完毕结转下页时，应在账页的最末一行加计本页发生额及余额，并在摘要栏内注明“过次页”；同时在新账页的首行记入上页加计的发生额和余额，并在摘要栏内注明“承前页”，以便对账和结账。

5．登记账簿必须用蓝黑墨水笔书写，不得使用圆珠笔或铅笔，便于账簿记录长期保存，不褪色，不模糊，以备查考。

二、对账

会计核算的一个基本原则是要如实地反映企业经济活动情况，因此为保证各种账簿记录的完整和正确，并为会计报表的编制提供真实可靠的资料，就需要进行对账。对账就是核对账目，即在经济业务入账以后，于平时或月末、季末、年末结账之前，对各种账簿记录所进行的核对。对账就是在有关经济业务入账后，进行账簿记录的核对。对账工作一般分三步进行。

1．账证核对。它是指各种账簿的记录与记账凭证及其所附的原始凭证相核对。这种核对通常是在日常核算中进行的，以使错账能及时发现并得到更正。当然，在每月终了时，如发现账账不符时，就需要进行账簿和会计凭证之间的核对，以确保账证相符。

2．账账核对。它是指各种账簿之间的有关数字进行核对，主要包括以下几个方面。

（1）总账中各账户期末借方余额合计与各账户期末贷方余额合计相核对，总分类账中各账户本月借方发生额合计数与贷方发生额合计数应相等。

（2）总账中各账户的本期的借、贷方发生额、期末余额与其所属的各明细账的本期借、贷方发生额合计、期末余额合计进行核对，应相吻合。

（3）总账与日记账之间的核对。主要是库存现金日记账和银行存款日记账的余额与总分类账相应账户余额应相等。

（4）会计部门与财产物资保管或使用部门的财产物资明细账按月或定期相互核对，应保持一致。

3．账实核对。财产物资的账面余额与实物数进行核对。在实际的工作中，账实核对一般是通过财产清查进行。它主要包括以下几个方面。

（1）库存现金日记账余额与库存现金实际库存数相核对，并保证日清月结。

（2）银行存款日记账余额与银行对账单相核对，每月最少一次。

（3）各种应收、应付款明细账余额与有关债务、债权单位的账目相核对。

（4）各种材料、物资、产品明细账余额与其实有数相核对。

三、错账更正

错账是指在账务处理过程中，由于会计凭证填制错误或登账时发生的账簿记录差错。通常发生的原因有错记、漏记和重记。

1．错记是指由于会计凭证错误导致错记了账，或者凭证正确但过账时发生错误，出现串户、反向、数字记错、数字颠倒、数字移位等错误。其中，串户是指把一个账户的发生额误记到另外一个账户中；反向是把借方发生额误记为贷方，或把贷方发生额误记为借方；数字记错是指将某个数字误记为另一个数字；数字颠倒，也称倒码，是指把某一数字中的前后数字位置颠倒了；数字移位，也称错位，是指数字位数未对齐，前移或后移了位置。

2．漏记是指记账时因某种原因记掉或少记。

3．重记是指记账时因某种原因多记了。

（一）查找错账的方法

1．根据其查找范围大小分为普查法和抽查法。

（1）普查法就是对被查期内的所有账目或所有错账项目所包括的全部账目进行全面查找。

（2）抽查法就是对被查期内的部分账目或某一错账项目所涉及的部分账目进行重点查找。

2．根据其查找程序的不同分为顺查法和逆查法。

（1）顺查法是先查原始凭证、记账凭证是否有错，然后根据凭证，逐笔复核记账是否有误，最后检查账簿记录或结算是否错误。

（2）逆查法是先查账簿结算和登记是否错误，然后检查所依据的记账凭证及原始凭证是否一致。

（二）更正错账的方法

由于记账差错的具体情况不同，更正错账的方法也不同，一般常用的错账更正方法有划线更正法、红字更正法和补充登记法。

1．划线更正法。划线更正法是在结账之前，发现账簿记录中所记录的文字或数字有错误，而记账凭证中无错误，应采用划线更正法进行更正。更正的方法是先在错误的文字或数字上划一条红线，以示注销并使原来的字迹仍可辨认，然后在红线上方空白处用蓝字填上正确的文字或数字，并在更正处由记账人员盖章。对错误的数字一定要用红线全部划去，不能只改个别数字。如凭证中的文字或数字发生错误，在尚未登账前，也可用这种方法更正。

2．红字更正法。红字更正法又称“红字冲账法”，这种方法适用于以下两种情况。

（1）记账后，如果发现记账凭证中的会计科目或金额有误，致使账簿记录有错误，应采用此种更正方法。更正的方法是先用红字填制一张内容与原始凭证完全相同的记账凭证，用红字登记入账，以示冲销原有的错误凭证，并在摘要栏注明“冲销某月某日某号错误凭证”。然后用蓝字填制一张正确的记账凭证，登记入账，并在摘要栏注明“补记某月某日某号凭证”。

（2）记账后，如果发现记账凭证中的会计科目并无错误，只是所填金额大于应填金额，并已登记入账，也可采用此法更正。更正的方法是填制一张账户名称、方向与原始凭证相同、红字金额等于多记金额的记账凭证，据以入账，将多记金额冲销，并在摘要栏内注明“冲销某月某日某号记账凭证多记金额”。

3．补充登记法。记账以后，如果发现记账凭证或账簿所记金额小于应记金额，所用会计科目并无错误，可采用此种方法进行更正。更正的方法是填制一张账户名称、方向与原始凭证相同、蓝（黑）字金额等于少记金额的记账凭证，将少记金额补记入账，并在摘要栏内注明“补记某月某日某号凭证少记金额”。

另外，在会计实务中，财会人员还经常采用另一种更正错账方法，叫原证更正法。

原证更正法是根据原来正确的记账凭证，更正记账或结算余额错误的方法。当记账凭证正确，汇总凭证也正确，登记明细账时发生差错，账已经记了许多笔，余额也跟着结错，对账时才发现，不宜采用划线更正法，那样账簿上将改正很多处，出现很多红线；也不宜采用红字更正法或补充登记法，那样将影响汇总记账凭证和总账的记录。原证更正法就可以达到目的，即在原记账凭证摘要栏说明记账错误情况，并以原记账凭证为依据，在该明细账上将差额补记一笔，使用原凭证编号，并在摘要栏中进行说明。如果属于多记，差额用红字，表示冲销。账簿余额结错，连续多笔，不宜采用划线更正法时，也可以采用原证更正法。

四、结账

结账是指在一定时期（月份、季度、年度）内所发生的全部经济业务登记入账的基础上，期末按照规定的方法计算出该期账簿记录的发生额合计数和余额，并将其余额结转下期或者转入新账的程序和方法。另外，企业因撤销、合并而办理账务交接时，也需要结账。

（一）结账的程序

1．结账前，必须将本期内所发生的各项经济业务全部登记入账。

2．按照权责发生制原则进行结账前的账项调整和结转。账项调整的主要内容包括：相关的预收收入和预付费用的调整；相关的应计收入和应计费用的调整。

3．计算、登记本期发生额和期末余额。在本期全部经济业务登记入账的基础上，应当结算库存现金日记账、银行存款日记账，以及总分类账和明细分类账各账户的本期发生额和期末余额，并结转下期。需要结出当月发生额的，应当在摘要栏内注明“本月合计”字样，并在下面通栏划单红线。需要结出本年累计发生额的，应当在摘要栏内注明“本年累计”字样，并在下面通栏划单红线；12月末的“本年累计”就是全年累计发生额，全年累计发生额下应当通栏划双红线，年度终了结账时，所有总账账户都应当结出全年发生额和年末余额。

4．年度终了，要把各账户的余额结转到下一会计年度，并在摘要栏注明“结转下年”字样；在下一会计年度新建有关会计账簿的第一行余额栏内填写上年结转的余额，并在摘要栏注明“上年结转”字样。

（二）结账的内容

结账就是在会计期末计算并结转各账户的本期发生额和期末余额。结账一般于会计期末进行。所以，可以分为月结、季结和年结。

1．月结。月结时，在各种账户的最后一笔数字下，结出本月借方发生额、贷方发生额和期末余额，在摘要栏注明“本月发生额及期末余额”字样，并在数字的上端和下端各划一根红线。对需要逐月结转累计发生额的账户，在计算本月发生额及期末余额后，应在下一行增加“本年累计发生额”，然后在数字下端划一红线。

2．季结。季度结账一般是总账才需要。由于总账在年终结账时要将所有总账结出全年发生额和年末余额，以便于总括反映本年全年各项资金运动情况的全貌并核对账目，而总账在各月只结余额不结发生额，为减少年终结账的工作量而把工作做在平时，对于总账就要进行季结，即在每季度结束时，应在季末月份月结后，分别结算出本季度借方、贷方本期发生额合计数和期末余额，在“摘要”栏内注明“本季度累计”字样，并在该行下面划一条通栏单红线。

3．年结。年度结账时，应将全年发生额的合计数填制于12月份结账记录的下面，并在摘要栏内注明“全年发生额及年末余额”字样，并在数字下端划双红线，表示“封账”。年度结账后，根据各账户的年末余额，过入新账簿，结转下年度。

（1）对不需要按月结计本期发生额的账户，每次记账以后，都要随时结出余额，每月最后一笔余额即为月末余额。月末结账时，只需要在最后一笔经济业务事项记录之下通栏划单红线，不需要再结计一次余额。

（2）库存现金、银行存款日记账和需要按月结计发生额的收入、费用等明细账，每月结账时，要结出本月发生额和余额，在摘要栏内注明“本月合计”字样，并在下面通栏划单红线。

（3）需要结计本年累计发生额的某些明细账户，每月结账时，应在“本月合计”行下结出自年初起至本月末止的累计发生额，登记在月份发生额下面，在摘要栏内注明“本年累计”字样，并在下面通栏划单红线。12月末的“本年累计”就是全年累计发生额，全年累计发生额下通栏划双红线。

（4）总账账户平时只需结出月末余额。年终结账时，将所有总账账户结出全年发生额和年末余额，在摘要栏内注明“本年合计”字样，并在合计数下通栏划双红线。

（5）年度终了结账时，有余额的账户，要将其余额结转下年，并在摘要栏注明“结转下年”字样；在下一会计年度新建有关会计账户的第一行余额栏内填写上年结转的余额，并在摘要栏内注明“上年结转”字样。

第五节　会计报表的编制与会计资料的整理

一、会计报表的编制

会计报表是以会计账簿和其他日常核算资料为依据，以货币为单位，综合反映会计主体某一特定时期内财务状况和经营成果及现金流量的一种报告文件。

在会计实务中，编制会计报表是对会计凭证和会计账簿等日常核算资料所做的最后一步技术处理，会计报表所提供的会计信息，与凭证、账簿相比更为集中、概括、系统，使用上更为方便。及时、准确地编制会计报表，是会计工作的重要内容之一，也是会计循环的最后环节。

（一）会计报表的编制要求

会计报表既是企业定期对外公布会计信息的一种手段、也是一种负有法律责任的报告文件。为了保证会计报表的质量，积极发挥其作用，我国《企业会计准则》规定了编制会计报表的基本要求：“会计报表应按登记完整、核对无误的账簿记录和其他有关资料编制，做到数字真实、计算准确、内容完整、报送及时。”

（二）会计报表的编制方法

1．资产负债表的编制方法

资产负债表是工商企业会计报表体系中的主要报表。它是以货币形式和规定格式总括反映企业在一定日期全部资产、负债和所有者权益的会计报表，每月末定期编报一次。

由于资产负债表是反映企业某一时期期末，即特定日期的财务状况，提供某一时点的静态指标，而这种静态资料又表现为账簿中各个账户一定时期的期末余额。因此，编制资产负债表的数字来源渠道是该报告期账簿中各个账户的期末余额。

资产负债表的具体编制方法可分述如下。

（1）本表“年初数”栏的填列，应根据上年末资产负债表“期末数”栏内所列数字填列。

（2）本表各项目“期末数”的填列可分为下面 4 种情况。

① 根据总分类账户的期末余额直接填列的项目。主要有：应收票据、坏账准备、其他应收款、累计折旧、在建工程、无形资产、递延资产、固定资产清理、短期借款、应付票据、应付职工薪酬、实收资本、资本公积、盈余公积、长期借款、应付债券。

② 报表中有些项目的名称与账户名称不一致，但由于它们项目的内容相同，也可直接根据总账账户的期末余额直接填列报表中的相应项目。主要有：固定资产原价（“固定资产”账户）、未交税费（“应交税费”账户）、其他未交款（“其他应交款”账户）、未付利润、（“应付利润”账户）。

③ 根据有关总分类账户的二级账户和明细账户填列。这类项目是有关总分类账户下的明细账户，因而从有关账户的二级账户和明细账户余额分析整理填列。主要有：应收账款、预收账款、应付账款、预付账款、待处理财产损益。

④ 根据账户之间的联系，把有关账户总账的余额加计或扣减后填列。这类项目与总账账户名称不一致，但包含的内容涉及几个总分类账户，需要对几个账户的余额进行整理后加计或扣减后填列。主要有以下几项。

- 货币资金：应根据“库存现金”、“银行存款”、“其他货币资金”账户的期末余额合计填列。
- 存货：应根据“材料采购”、“原材料”、“包装物及低值易耗品”、“产成品”、“库存商品”、“材料成本差异”、“商品进销差价”、“在途物资”、“分期收款发出商品”、“委托加工物资”、“委托代销商品”、“受托代销商品”、“生产成本”、“代销商品款”、“存货跌价准备”等账户的期末余额加减合计后填列。
- 固定资产净值：应根据“固定资产”和“累计折旧”账户余额之差填列。
- 未分配利润：应根据“本年利润”和“利润分配”账户余额之差填列。

2．利润表的编制方法

利润表是工商企业会计报表体系中的又一主要报表。它是以货币形式和规定格式总括反映企业在一定期间经营成果的会计报表，每月末定期编报一次。

利润表是反映企业某一时期的收入、费用及其最终财务成果，即特定时期的损益情况，提供某一时期的动态指标，而这种动态资料又表现为账簿中各个损益类账户一定时期的发生额。因此，编制利润表的数字来源渠道是该报告期账簿中各个损益类账户的本期发生额。

利润表中反映的数据，分为“本月数”和“本年累计数”两栏。“本月数”栏，反映各项目的本月实际发生额，在编制年度报表时，应将“本月数”栏改成“上年累计数”，填列上年全年累计实际发生数。“本年累计数”一栏，则反映各项目自年初起至本年末为止的累计发生额。

二、会计资料的整理

会计资料是会计主体在会计活动中自然形成的，并按照一定的规律保存备查的会计信息载体，主要包括会计凭证、会计账簿和会计报表等会计核算专业资料，又称会计档案。

会计资料整理就是将会计凭证、会计账簿、会计报表等会计核算专业资料分门别类、规范装订、按序编号。

（一）会计凭证的整理

会计凭证是会计档案的重要组成部分。《会计基础工作规范》对会计凭证的整理、装订、保管都有明确的要求。会计凭证要做到装订整齐、完整、牢固，妥善保管，便于查阅。

整理会计凭证，首先，要把所有应归档的会计凭证收集齐全，并根据记账凭证分类。记账凭证一般分为库存现金收、付款凭证，银行收、付款凭证，转账凭证，共三类五种。根据不同的种类，按时间或顺序序号逐张排放好。其次，整理记账凭证的附件，剔除不属于会计档案范围和没有必要归档的一些资料，补充遗漏的必不可少的核算资料。再次，清除订书针、曲别针等金属物。最后，将记账凭证按适当厚度分成若干本。

将会计凭证整理好后，应按照有关规定的要求，认真做好会计凭证的装订工作。

（二）会计账簿的整理

年度终了，各种账簿（包括仓库的材料、产成品或库存商品的明细分类账）在结转下年、建立新账后，一般都要把旧账送交总账会计集中统一整理。将活页账按页码顺序排好，加封面后装订成本。然后将各种账簿按照会计科目顺序排列，据以逐本登记《会计档案（会计账簿）封面》，会计账簿封面的有关内容要写全。"机关（单位）名称"要写全称；"×账"要写账户的全称，不要只写科目的代号；"本账页数"要写账的有效页数；会计主管人员和记账员都要盖上章；"保管期限"要填写统一规定的时间。卷脊上必须写上"××××年度××××账"，写上案卷号，以便保存利用。

（三）会计报表的整理

会计报表一般在年度终了后，由专人（一般是主管报表的人员或财会机构负责人）统一收集、整理、装订，并立卷归档。平时，月（季）度报表，由主管人员负责保存。年终，将全年会计报表，按时间顺序整理装订成册，登记会计档案（会计报表）目录，逐项写明报表名称、页数、归档日期等。经会计机构负责人审核、盖章后，由主管报表人员负责装盒归档。

（四）其他会计资料的整理

其他财会资料，包括年（季）度成本、利润计划、月度财务收支计划、经济活动分析报告、工资计算表及一些重要的经济合同，也应随同正式会计档案进行收集整理。

第三章　分项目实训单元

第一节　会计基础书写技能实训

一、阿拉伯数字的书写实训

（一）实训目的

在填制原始凭证、编制记账凭证、登记账簿、编制财务报表的会计业务的处理过程中，会计人员必须书写阿拉伯数字，对金额进行大写和小写的书写。本实训的目的是使学生掌握阿拉伯数字的标准写法，做到书写规范、清晰、流畅、美观。

（二）实训资料

阿拉伯数字 0，1，2，3，4，5，6，7，8，9。

（三）实训要求

根据实训资料，按照标准写法进行阿拉伯数字的书写训练，直至书写规范、流畅，指导教师认可。

（四）实训指导

1. 书写时从左至右、自上而下、大小一致、匀称，数字间保留一定的间隙，而且距离相等。数字上下左右对齐，数字间不能留空格。

2. 采用规范的手写体书写，并要保持个人的独特字体，以防模仿。

3. 按照规定："阿拉伯数字应当一个一个地写，不得连笔写。"特别在要连着写几个"0"时，一定要单个地写，不能将几个"0"连在一起一笔写完。数字的排列要整齐，数字之间的空隙应均匀，不宜过大。

4. 根据习惯，阿拉伯数字在书写时应有一定的斜度。倾斜角度的大小应以笔顺书写方便、好看、易认为准，不宜过大也不宜过小，一般可掌握在 60 度左右，即数码的中心斜线与底平线为 60 度的夹角。此外，阿拉伯数字的书写还应有高度标准，一般要求数字的高度占凭证横格高度的 1/2 为宜。书写时还要注意紧靠横格底线，使上方能留出一定空位，以便需要进行更正时可以再次书写。

5．为了防止涂改，对有竖划的数字的写法应有明显区别，如“6”的竖划应偏左，“4”、“7”、“9”的竖划应偏右，“1”应写在中间。此外，“6”的竖划应上提为一般数字的 1/4；“7”、“9”的竖划可以下拉出格至一般数字的 1/4。

6．除“4”、“5”以外，数字须一笔完成，不可人为地增加笔划。

7．按“三位一节”分位点“，”或空格分开。

8．小写金额前填写人民币符号“￥”以后，数字后面可以不写“元”字。

（五）实训用品

1．会计专用笔或钢笔（蓝黑或碳素墨水）。

2．会计数字练习用纸（如表 3-1 所示）或账页。

表 3-1

会计数字练习用纸

班级：　　　　　　　　　　　　　年　　月　　日　　　　　姓名：　　　　　学号：

<table>
<tr><td></td><td></td><td></td><td></td><td></td><td></td><td></td><td></td><td></td><td></td><td></td><td></td><td></td><td></td><td></td><td></td><td></td><td></td><td></td><td></td><td></td><td></td><td></td><td></td><td></td><td></td><td></td><td></td><td></td><td></td></tr>
<tr><td colspan="3"></td><td colspan="3"></td><td colspan="3"></td><td colspan="3"></td><td colspan="3"></td><td colspan="3"></td><td colspan="3"></td><td colspan="3"></td><td colspan="3"></td><td colspan="3"></td></tr>
</table>

二、文字的书写实训

（一）实训目的

在填制原始凭证、编制记账凭证、登记账簿、编制财务报表的会计业务的处理过程中，会计人员必须书写阿拉伯数字，对金额进行大写和小写的书写。本实训的目的是使学生掌握大写金额和小写金额的标准写法，做到书写规范、清晰、流畅、美观。

（二）实训资料

1．数字的汉字大写：壹、贰、叁、肆、伍、陆、柒、捌、玖、拾、佰、仟、万、元、角、分、零、整。

2．2007 年 1 月份库存现金和银行存款收付业务的发生额：

（1）￥0.80；（2）￥0.06；（3）￥19.03；（4）￥74.00；（5）￥270.38；
（6）￥5 694.12；（7）￥25 783.69；（8）￥231 080.50；（9）￥207 683.41。

（三）实训要求

1．根据资料（1）按照标准写法进行数字汉字大写的书写练习，直至书写规范、流畅，指导教师认可。

2．根据资料（2），按照标准写法进行书写大小写金额的练习，直至书写规范、流畅，指导教师认可。

（四）实训指导

1．会计文字书写要清楚、规范，字迹要清楚，易于辨认。大写金额前未印有："人民币"字样的，应加写"人民币"3个字。"人民币"字样和大写金额之间不得留有空白。

2．汉字大写数字金额如零、壹、贰、叁、肆、伍、陆、柒、捌、玖、拾、佰、仟、万、亿等，一律用正楷或者行书体书写，不得用 0、一、二、三、四、五、六、七、八、九、十等简化字代替，不得任意自造简化字。在实际工作中，我们还可以发现一些不规范的简化大写数字，如以"另"代替零；以"两"代替贰；以"什"代替拾等。

3．大写金额数字到元或者角为止的，在元或者角字之后应当写整字或者正字；大写金额数字有分的，分字后面不写整字或者正字。例如：人民币 35 680 元，大写金额数字应为：人民币叁万伍仟陆佰捌拾元整或人民币叁万伍仟陆佰捌拾元正；又如，人民币 71.90 元，大写金额数字应为：人民币柒拾壹元玖角整或人民币柒拾壹元玖角正；再如，人民币 2 308.66 元，大写金额数字应为：人民币贰仟叁佰零捌元陆角陆分。

4．货币名称的书写：大写金额数字前未印有货币名称的，应当加填货币名称，货币名称与金额数字之间不得留有空白。在发货票等需填写大写金额数字的原始凭证上，如果有关货币名称事先未能印好，在填写大写金额数字时，应加填有关的货币名称，然后在其后紧接着填写大写金额数字。如人民币 8 6497 元，应当写成：人民币捌万陆仟肆佰玖拾柒元整，不能分开写成人民币 捌万陆仟肆佰玖拾柒元整。

5．"零"字的书写：阿拉伯金额数字中间有 0 时，汉字大写金额要写零字；阿拉伯数字金额中间连续有几个 0 时，汉字大写金额中可以只写一个零字；阿拉伯金额数字元位是 0，或者数字中间连续有几个 0、元位也是 0，但角位不是 0 时，汉字大写金额可以只写一个零字，也可以不写零字。例如：人民币 10 586 元，应写成：人民币壹万零伍佰捌肆拾陆元正；人民币 1 000 846 元，应写成人民币壹佰万零捌佰肆拾陆元正；人民币 1 860.9 元，可以写成：人民币壹仟捌佰陆拾元零玖角，也可以写成：人民币壹仟捌佰陆拾元玖角；人民币 8 600.80 元，可以写成：人民币捌仟陆佰元零捌角整，也可以写成：人民币捌仟陆佰元捌角正。

6．汉字标准写法示范（如表 3-2 所示）。

表 3-2

大写数字参考字体

壹	贰	叁	肆	伍	陆	柒	捌	玖	拾	佰	仟	亿	元	角	分	零
壹	贰	叁	肆	伍	陆	柒	捌	玖	拾	佰	仟	亿	元	角	分	零

7．大小写金额书写示例（如表 3-3 所示）。

表 3-3

大小写金额书写对照表

会计凭证账表上的小写金额栏								原始凭证上的大写金额栏
没有数位分割线	有数位分割线							
	万	仟	佰	十	元	角	分	
￥ 0.09						￥	9	人民币：玖分
￥ 0.80					￥	8	0	人民币：零万零仟零佰零拾零元捌角零分
￥ 3.00				￥	3	0	0	人民币：叁元整
￥ 17.03			￥	1	7	0	3	人民币：壹拾柒元零叁分
￥ 580.08		￥	5	8	0	0	8	人民币：零万零仟伍佰捌拾零元零角捌分
￥ 6080.70	￥	6	0	8	0	7	0	人民币：陆仟零捌拾元柒角整
￥ 16006.08	1	6	0	0	6	0	8	人民币：壹万陆仟零陆元零捌分
￥ 89000.50	8	9	0	0	0	5	0	人民币：捌万玖仟零佰零拾零元伍角整

（五）实训用品

1．会计专用笔或钢笔（蓝黑或碳素墨水）。
2．大小写金额书写训练用纸或账页。

第二节　会计凭证的填制与审核实训

一、实训目的

1．掌握各类原始凭证的填制与审核方法。
2．掌握各类记账凭证的填制方法。

二、实训资料

名称：顺达有限责任公司
地址：梅城 52 号
电话：9706395
纳税人登记号：30898
开户银行：工商行区办
企业账号：614-90368

2007 年 1 月份顺达有限责任公司发生的经济业务如下。

1．1 月 1 日以银行存款购买不需安装的机器设备（电动机床）一台，价款 20 000 元。供货单位：光明机床厂，原始凭证如表 3-4、表 3-5 所示。

要求：（1）填制固定资产验收单；

（2）填制转账支票。

表 3-4

固定资产验收单

年　月　日　　　　No 0501001

固定资产名称		型号	计量单位	数量		供货单位		
总价	设备费	安装费	运杂费	包装费	其他	合计	预计年限	净残值率
验收意见			验收人签章			保管使用人签章		

表 3-5

中国××银行 转账支票存根 IV V931005 科　目： 对方科目： 出票日期　年　月　日 收款人： 金　额： 用　途： 单位主管　　会计	本支票付款期十天	**中国××银行转账支票**　　**IV V931005** 出票日期（大写）　年　月　日　付款行名称： 收款人：　出票人账号： 人民币（大写）　千 百 十 万 千 百 十 元 角 分 用途 上列款项请从我账户内支付 出票人签章 科目（借） 对方科目（贷） 付讫日期　年　月　日 出纳　复核　记账 贴对号单处　IV V931005

2．1 月 2 日以银行存款向市物资贸易公司（地址：梅城，电话：74082525，税务登记号：39112，开户行及账号：工行区办 89-135）购进材料一批，已入库。其中：A 材料 2 000 千克，单价 10 元，计 20 000 元，增值税 3 400 元。B 材料 1 000 千克，单价 22 元，计 2 2000 元，增值税 3 740 元。原始凭证如表 3-6、表 3-7、表 3-8 所示。

要求：（1）填制增值税专用发票；

（2）填制收料单；

（3）填制转账支票。

表 3-6

增值税专用发票

开票日期：　　　　　　　　　　　　年　　月　　日　　　　　　　　　　　　No 0052749

<table>
<tr><td rowspan="2">购货
单位</td><td>名　　称</td><td colspan="3"></td><td colspan="8">纳税人登记号</td><td colspan="8"></td></tr>
<tr><td>地址、电话</td><td colspan="3"></td><td colspan="8">开户行及账号</td><td colspan="8"></td></tr>
<tr><td colspan="2" rowspan="2">货物或应税劳务名称</td><td rowspan="2">计量
单位</td><td rowspan="2">数量</td><td rowspan="2">单价</td><td colspan="8">金　　额</td><td rowspan="2">税率
（%）</td><td colspan="7">税　　额</td></tr>
<tr><td>十</td><td>万</td><td>千</td><td>百</td><td>拾</td><td>元</td><td>角</td><td>分</td><td>万</td><td>千</td><td>百</td><td>拾</td><td>元</td><td>角</td><td>分</td></tr>
<tr><td colspan="2"></td><td></td><td></td><td></td><td></td><td></td><td></td><td></td><td></td><td></td><td></td><td></td><td></td><td></td><td></td><td></td><td></td><td></td><td></td></tr>
<tr><td colspan="2"></td><td></td><td></td><td></td><td></td><td></td><td></td><td></td><td></td><td></td><td></td><td></td><td></td><td></td><td></td><td></td><td></td><td></td><td></td></tr>
<tr><td colspan="2"></td><td></td><td></td><td></td><td></td><td></td><td></td><td></td><td></td><td></td><td></td><td></td><td></td><td></td><td></td><td></td><td></td><td></td><td></td></tr>
<tr><td colspan="2">合　　计</td><td></td><td></td><td></td><td></td><td></td><td></td><td></td><td></td><td></td><td></td><td></td><td></td><td></td><td></td><td></td><td></td><td></td><td></td></tr>
<tr><td colspan="2">价税合计（大写）</td><td colspan="13">仟　佰　拾　万　仟　佰　拾　元　角　分</td><td colspan="6">（小写）￥</td></tr>
<tr><td rowspan="2">销货
单位</td><td>名　　称</td><td colspan="3"></td><td colspan="7">纳税人登记号</td><td colspan="9"></td></tr>
<tr><td>地址、电话</td><td colspan="3"></td><td colspan="7">开户行及账号</td><td colspan="9"></td></tr>
<tr><td>备注</td><td colspan="20"></td></tr>
</table>

销货单位（章）　　收款人：　　　　　　开票人：　　　　　　　　　开票单位（章）

表 3-7

收 料 单

供货单位：　　　　　　　　　　　　　　　　　　　　　　　　　　　凭证编号：

发票号码：　　　　　　　　　　　年　　月　　日　　　　　　　　　收料仓库：

材料编号	材料名称	规格	单位	数　量		单价	金额
				应收	实收		

主管：　　　　　　　　记账：　　　　　　　　仓库保管：　　　　　　　　经办人：

表 3-8

中国××银行 转账支票存根 IV V931006 科　　目：＿＿＿＿ 对方科目：＿＿＿＿ 出票日期　　年　月　日 收款人： 金　额： 用　途： 单位主管　　　会计	本支票付款期十天	**中国××银行转账支票**　　　**IV V931006** 出票日期（大写）　　年　　月　　日　付款行名称： 收款人：　　　　　　　　　　　　　出票人账号： 人民币（大写）　千 百 十 万 千 百 十 元 角 分 用途＿＿＿＿＿＿＿＿ 上列款项请从我账户内支付 出票人签章	科目（借）＿＿＿＿＿＿ 对方科目（贷）＿＿＿＿＿＿ 付讫日期　年　　月　　日 出纳　　　复核　　　　记账 贴对号单处　IV V931006

3．1 月 2 日以银行存款支付广告费 4 500 元。原始凭证如表 3-9、表 3-10 所示。要求：填写转账支票（存根留存作为记账的依据）。

表 3-9

×市广告业专用发票

客户名称：顺达有限责任公司　　　　2007 年 01 月 02 日　　　　No 005421

项　目	单　位	数　量	单　价	金额						
				万	仟	佰	拾	元	角	分
产品广告费	次	5	900.00		4	5	0	0	0	0
合计金额（大写）零万肆仟伍佰零拾零元零角零分				¥	4	5	0	0	0	0

表 3-10

<table>
<tr><td rowspan="8">中国××银行
转账支票存根
IV V931007
科　　目：________
对方科目：________
出票日期　年　月　日

收款人：
金　额：
用　途：

单位主管　　会计</td><td colspan="11">中国××银行转账支票　　　IV V931007</td></tr>
<tr><td rowspan="7">本支票付款期十天</td><td colspan="10">出票日期(大写)　年　月　日　付款行名称：
收款人：　　　　出票人账号：</td></tr>
<tr><td rowspan="2">人民币
（大写）</td><td>千</td><td>百</td><td>十</td><td>万</td><td>千</td><td>百</td><td>十</td><td>元</td><td>角</td><td>分</td></tr>
<tr><td></td><td></td><td></td><td></td><td></td><td></td><td></td><td></td><td></td><td></td></tr>
<tr><td rowspan="2">用途__________
上列款项请从我账户内支付
出票人签章</td><td colspan="10">科目（借）__________
对方科目（贷）__________
付讫日期　年　月　日
出纳　　复核　　记账</td></tr>
<tr><td colspan="3">贴对号单处</td><td colspan="7">IV V931007</td></tr>
</table>

4．1 月 2 日销售处李明出差预借差旅费 500 元，原始凭证如表 3-11 所示。

要求：填写“借款单”（单位负责人：王虎城）。

表 3-11

借 款 单

年　　月　　日　　　　　　　　　　第　　号

<table>
<tr><td colspan="3">借款单位：</td><td colspan="8">金　　额</td></tr>
<tr><td colspan="3" rowspan="2">人民币（大写）：　拾　万　仟　佰　拾　元　角　分</td><td>拾</td><td>万</td><td>仟</td><td>佰</td><td>十</td><td>元</td><td>角</td><td>分</td></tr>
<tr><td></td><td></td><td></td><td></td><td></td><td></td><td></td><td></td></tr>
<tr><td colspan="11">借款事由：</td></tr>
<tr><td>领导批示</td><td>财务负责人</td><td>借款单位负责人</td><td colspan="8">借款人</td></tr>
<tr><td></td><td></td><td></td><td colspan="8"></td></tr>
</table>

5．1 月 3 日销售给大华集团（地址：新建路 38 号，电话：25243538，开户银行：工行新建办，账号：98-267，税务登记号：2026）甲产品 800 件，每件售价 330 元，增值税 44 880 元。产品发出，货款尚未收到。原始凭证如表 3-12、表 3-13 所示。

要求：（1）填写增值税专用发票（“记账联”作为填制记账凭证的依据）；

（2）填写“出库单”（“财务联”作为填制记账凭证的依据）。

表 3-12

产品出库单

购货单位： 年 月 日

货号	名称及规格	单位	数量	单价	金额	备注

主管： 审核人： 发货人： 经办人：

表 3-13

增值税专用发票

开票日期： 年 月 日 No 0052780

<table>
<tr><td rowspan="2">购货单位</td><td>名　称</td><td colspan="3"></td><td colspan="8">纳税人登记号</td><td colspan="8"></td></tr>
<tr><td>地址、电话</td><td colspan="3"></td><td colspan="8">开户行及账号</td><td colspan="8"></td></tr>
<tr><td colspan="2" rowspan="2">货物或应税劳务名称</td><td rowspan="2">计量单位</td><td rowspan="2">数量</td><td rowspan="2">单价</td><td colspan="8">金　额</td><td rowspan="2">税率（%）</td><td colspan="7">税　额</td></tr>
<tr><td>十</td><td>万</td><td>千</td><td>百</td><td>拾</td><td>元</td><td>角</td><td>分</td><td>万</td><td>千</td><td>百</td><td>拾</td><td>元</td><td>角</td><td>分</td></tr>
<tr><td colspan="2"></td><td></td><td></td><td></td><td></td><td></td><td></td><td></td><td></td><td></td><td></td><td></td><td></td><td></td><td></td><td></td><td></td><td></td><td></td><td></td></tr>
<tr><td colspan="2"></td><td></td><td></td><td></td><td></td><td></td><td></td><td></td><td></td><td></td><td></td><td></td><td></td><td></td><td></td><td></td><td></td><td></td><td></td><td></td></tr>
<tr><td colspan="2"></td><td></td><td></td><td></td><td></td><td></td><td></td><td></td><td></td><td></td><td></td><td></td><td></td><td></td><td></td><td></td><td></td><td></td><td></td><td></td></tr>
<tr><td colspan="2">合　计</td><td></td><td></td><td></td><td></td><td></td><td></td><td></td><td></td><td></td><td></td><td></td><td></td><td></td><td></td><td></td><td></td><td></td><td></td><td></td></tr>
<tr><td colspan="2">价税合计（大写）</td><td colspan="19">仟 佰 拾 万 仟 佰 拾 元 角 分 （小写）￥</td></tr>
<tr><td rowspan="2">销货单位</td><td>名　称</td><td colspan="3"></td><td colspan="8">纳税人登记号</td><td colspan="8"></td></tr>
<tr><td>地址、电话</td><td colspan="3"></td><td colspan="8">开户行及账号</td><td colspan="8"></td></tr>
<tr><td>备注</td><td colspan="20"></td></tr>
</table>

销货单位（章） 收款人： 开票人： 开票单位（章）

6．1 月 3 日购买为期三年的国库券 20 000 元。原始凭证如表 3-14、表 3-15 所示。要求：填制转账支票。

表 3-14

中国××银行 转账支票存根 IV V931008 科 目：________ 对方科目：________ 出票日期 年 月 日	中国××银行转账支票 IV V931008
	本支票付款期十天
	出票日期（大写） 年 月 日 付款行名称：
	收款人： 出票人账号：
收款人：	人民币（大写）
金 额：	千 百 十 万 千 百 十 元 角 分
用 途：	用途________ 科目（借）________
	上列款项请从我账户内支付 对方科目（贷）________
	出票人签章 付讫日期 年 月 日
	出纳 复核 记账
单位主管 会计	贴对号单处 IV V931008

表 3-15

二零零七 年（三年期）国库券（收据）

2007 年 01 月 03 日

购买单位	顺达有限责任公司	账号	614-90368	开户行	工行区办								
收款金额	人民币 贰万元整 （大写）				百	十	万	千	百	十	元	角	分
						¥	2	0	0	0	0	0	0
上列国库券款项业已收讫 经收（前发）单位：（章） 复合：王平 经办：吴立													
年国库券还本付息栏（签发单位填写）													

支付本息日期			年利率	还本付息金额			记账	复核	单位取款人签章
年	月	日		本金	利息	合计			

7．1 月 5 日收到伟光工厂上月购货款 30 000 元，存入银行。原始凭证如表 3-16 所示。要求：审核“进账单”（伟光工厂开户行：工行区办；账号：3867926）。

表 3-16

中国工商银行进账单（收款通知）

2007 年 01 月 08 日 第 211 号

<table>
<tr><td rowspan="3">收款人</td><td>全　　称</td><td>顺达有限责任公司</td><td rowspan="3">付款人</td><td>全　　称</td><td colspan="9">伟光工厂</td></tr>
<tr><td>账　　号</td><td>614-90368</td><td>账　　号</td><td colspan="9">3867926</td></tr>
<tr><td>开户银行</td><td>工行区办</td><td>开户银行</td><td colspan="9">工行区办</td></tr>
<tr><td colspan="5" rowspan="2">人民币（大写）叁万元整</td><td>百</td><td>十</td><td>万</td><td>千</td><td>百</td><td>十</td><td>元</td><td>角</td><td>分</td></tr>
<tr><td></td><td>¥</td><td>3</td><td>0</td><td>0</td><td>0</td><td>0</td><td>0</td><td>0</td></tr>
<tr><td colspan="2">票据种类</td><td>支票</td><td colspan="11" rowspan="4">收款人开户行盖章</td></tr>
<tr><td colspan="2">票据张数</td><td>1</td></tr>
<tr><td colspan="2">单位主管</td><td>复核</td></tr>
<tr><td colspan="2">会计</td><td>记账</td></tr>
</table>

8．1 月 8 日销售处李明出差回来，报销差旅费 470 元，交回现金 30 元，结清本月预借差旅费（起止日期 1 月 3 日至 1 月 7 日，火车票两张，金额 100 元；市内交通费单据 5 张，金额 10 元；住宿费 4 天，金额 240 元，途中补助 30 元；单位负责人：李丽）。原始凭证如表 3-17、表 3-18 所示。

要求：填写差旅费报销单及收款收据。

表 3-17

收 款 收 据

年　　月　　日 第 58 号

<table>
<tr><td colspan="6">今收到</td></tr>
<tr><td colspan="6">人民币（大写）　　　　　　　　　　（小写）¥__________</td></tr>
<tr><td colspan="4" rowspan="3">事由</td><td colspan="2">现 金</td></tr>
<tr><td colspan="2">支票第　　　　号</td></tr>
<tr><td colspan="2"></td></tr>
<tr><td>收款单位</td><td></td><td>财务主管</td><td></td><td>收款人</td><td></td></tr>
</table>

表 3-18

差旅费报销单

年　　月　　日

出发地			到达地			公出补足			车船飞机费	卧铺	住宿费	市内车费	邮电费	其他	合计金额
月	日	地点	月	日	地点	天数	标准	金额							
人民币（大写）															
备注															

单位领导：　　财会主管：　　出差人：　　审核人：

9．1 月 6 日以银行存款预付下季度财产保险费 3 600 元。原始凭证如表 3-19、表 3-20 所示。

要求：填写转账支票

表 3-19

×保险公司保险凭证

2007 年 1 月 6 日　　No 0001916

投保人	险种	保险金额	保险费率	保险费	备注
顺达有限责任公司	财产险	3 600 000.00 元	0.1%	3 600.00 元	

制单：

表 3-20

<table>
<tr><td rowspan="8">中国××银行
转账支票存根
IV V931009
科　　目：________
对方科目：________
出票日期　年　月　日

收款人：
金　额：
用　途：

单位主管　　　会计</td><td colspan="11">中国××银行转账支票　　　　IV V931009</td></tr>
<tr><td colspan="11">本支票付款期十天
出票日期（大写）　年　月　日 付款行名称：
收款人：　　　　　　　　　　　　出票人账号：</td></tr>
<tr><td rowspan="2">人民币
（大写）</td><td>千</td><td>百</td><td>十</td><td>万</td><td>千</td><td>百</td><td>十</td><td>元</td><td>角</td><td>分</td></tr>
<tr><td></td><td></td><td></td><td></td><td></td><td></td><td></td><td></td><td></td><td></td></tr>
<tr><td rowspan="3">用途__________
上列款项请从我账户内支付
出票人签章</td><td colspan="10">科目（借）__________
对方科目（贷）__________
付讫日期　年　月　日
出纳　　　复核　　　记账</td></tr>
<tr><td colspan="3">贴对号单处</td><td colspan="7">IV V931009</td></tr>
</table>

10．1 月 8 日收到大华集团 3 日购甲产品货款 308 880 元，存入银行。原始凭证如表 3-21 所示。

表 3-21

中国工商银行进账单（收款通知）

2007 年 01 月 05 日　　　　　　第 211 号

<table>
<tr><td rowspan="3">收款人</td><td>全称</td><td colspan="3">顺达有限责任公司</td><td rowspan="3">付款人</td><td>全称</td><td colspan="9">大华集团</td></tr>
<tr><td>账号</td><td colspan="3">614-90368</td><td>账号</td><td colspan="9">98-267</td></tr>
<tr><td>开户银行</td><td colspan="3">工行区办</td><td>开户银行</td><td colspan="9">工行新建办</td></tr>
<tr><td colspan="7" rowspan="2">人民币（大写）叁拾万零捌仟捌佰捌拾元整</td><td>百</td><td>十</td><td>万</td><td>千</td><td>百</td><td>十</td><td>元</td><td>角</td><td>分</td></tr>
<tr><td>¥</td><td>3</td><td>0</td><td>8</td><td>8</td><td>8</td><td>0</td><td>0</td><td>0</td></tr>
<tr><td>票据种类</td><td colspan="2">转账支票</td><td colspan="13" rowspan="3">收款人开户行盖章</td></tr>
<tr><td>票据张数</td><td colspan="2">1</td></tr>
<tr><td colspan="3">单位主管　　　复核
会　　计　　　记账</td></tr>
</table>

11．1 月 8 日向新新百货公司购入 A 材料 1 000 千克，单价 20 元，计 20 000 元；B 材料 500 千克，单价 40 元，计 20 000 元，增值税 3 740 元。运杂费 500 元（按材料重量分配）。款项已支付，原始凭证如表 3-22、表 3-23、表 3-24 所示。

要求：填写转账支票。

表 3-22

<table>
<tr>
<td rowspan="4">中国××银行
转账支票存根
IV V931010
科　　目：________
对方科目：________
出票日期　年　月　日

收款人：
金　额：
用　途：

单位主管　　　会计</td>
<td rowspan="4">本
支
票
付
款
期
十
天</td>
<td colspan="11">中国××银行转账支票　　　　IV V931010
出票日期(大写)　　年　　月　　日　付款行名称：
收款人：　　　　　　　　　　　　　出票人账号：</td>
</tr>
<tr>
<td rowspan="2">人民币
（大写）</td>
<td>千</td><td>百</td><td>十</td><td>万</td><td>千</td><td>百</td><td>十</td><td>元</td><td>角</td><td>分</td>
</tr>
<tr>
<td></td><td></td><td></td><td></td><td></td><td></td><td></td><td></td><td></td><td></td>
</tr>
<tr>
<td>用途________
上列款项请从我账户内支付
出票人签章</td>
<td colspan="10">科目（借）________
对方科目（贷）________
付讫日期　年　月　日
出纳　　复核　　记账
贴对号单处　IV V931010</td>
</tr>
</table>

表 3-23

增值税专用发票

开票日期：　　　　2007 年 01 月 08 日　　　　No 0056723

<table>
<tr><td rowspan="2">购货单位</td><td>名　称</td><td colspan="3">顺达有限责任公司</td><td colspan="8">纳税人登记号</td><td colspan="8">30898</td></tr>
<tr><td>地址、电话</td><td colspan="3">梅城 9706395</td><td colspan="8">开户行及账号</td><td colspan="8">工行区办 614-90368</td></tr>
<tr><td colspan="2" rowspan="2">货物或应税劳务名称</td><td rowspan="2">计量单位</td><td rowspan="2">数量</td><td rowspan="2">单价</td><td colspan="8">金　　额</td><td>税率</td><td colspan="7">税　　额</td></tr>
<tr><td>十</td><td>万</td><td>千</td><td>百</td><td>拾</td><td>元</td><td>角</td><td>分</td><td>（%）</td><td>万</td><td>千</td><td>百</td><td>拾</td><td>元</td><td>角</td><td>分</td></tr>
<tr><td colspan="2">A 材料</td><td>千克</td><td>1 000</td><td>20.00</td><td>￥</td><td>2</td><td>0</td><td>0</td><td>0</td><td>0</td><td>0</td><td>0</td><td>17</td><td>￥</td><td>3</td><td>4</td><td>0</td><td>0</td><td>0</td><td>0</td></tr>
<tr><td colspan="2">B 材料</td><td>千克</td><td>500</td><td>40.00</td><td></td><td>2</td><td>0</td><td>0</td><td>0</td><td>0</td><td>0</td><td>0</td><td>17</td><td></td><td>3</td><td>4</td><td>0</td><td>0</td><td>0</td><td>0</td></tr>
<tr><td colspan="2"></td><td></td><td></td><td></td><td></td><td></td><td></td><td></td><td></td><td></td><td></td><td></td><td></td><td></td><td></td><td></td><td></td><td></td><td></td><td></td></tr>
<tr><td colspan="2">合　　计</td><td></td><td></td><td></td><td>￥</td><td>4</td><td>0</td><td>0</td><td>0</td><td>0</td><td>0</td><td>0</td><td></td><td>￥</td><td>6</td><td>8</td><td>0</td><td>0</td><td>0</td><td>0</td></tr>
<tr><td colspan="2">价税合计（大写）</td><td colspan="11">零仟零佰零拾肆万陆仟捌佰零拾零元零角零分</td><td colspan="8">（小写）￥46800.00</td></tr>
<tr><td rowspan="2">销货单位</td><td>名　称</td><td colspan="3">新新百货公司</td><td colspan="7">纳税人登记号</td><td colspan="9">37864</td></tr>
<tr><td>地址、电话</td><td colspan="3">建明路 32 号 6036988</td><td colspan="7">开户行及账号</td><td colspan="9">工行建明办 211-61681</td></tr>
<tr><td>备注</td><td colspan="20"></td></tr>
</table>

销货单位（章）　　收款人：郭玲　　　　开票人：王明　　　　开票单位（章）

表 3-24

×市运输费专用发票

运输号码：4572　　　　2007 年 1 月 8 日

发站		到站		车种车号			货车自重	
集装箱型		运到期限		保价金额			运价里程	
收货人 全称	顺达有限责任公司		发货人 全称	新新百货公司			现付费用	
收货人 地址	梅城 52 号		发货人 地址	滨城建明路 32 号			项目	金额
货物名称	件数	货物重量	计费重量	运价号	运价率	附记	运费	500
A 材料		2 000 千克						
B 材料		500 千克						
发货人声明事项							合计	¥500

发站承运日期戳　　　　发站经办人：刘春

12．1 月 8 日计算应付职工工资，其中甲产品生产工人工资 57 127 元，乙产品生产工人工资 9 527 元，车间管理人员工资 3 780 元，行政部门管理人员工资 6 160 元。当日签发支票一张向银行提取现金 76 549 元，准备发放工资。原始凭证如表 3-25 所示。

要求：填写现金支票

表 3-25

中国××银行
转账支票存根
IV V931011
科　　目：________
对方科目：________
出票日期　年　月　日

收款人：
金　额：
用　途：

单位主管　　会计

中国××银行转账支票　　IV V931011

本支票付款期十天

出票日期（大写）　年　月　日　付款行名称：
收款人：　出票人账号：

人民币（大写）	千	百	十	万	千	百	十	元	角	分

用途________________
上列款项请从我账户内支付
出票人签章

科目（借）________________
对方科目（贷）______________
付讫日期　年　月　日
出纳　复核　记账

贴对号单处　IV V931011

13．1 月 8 日发放本月职工工资 76 549 元。原始凭证如表 3-26 所示。

要求：填写工资结算表

表 3-26

职工工资汇总表

2007 年 1 月 8 日　　单位：元

部门 \ 工资构成		基本工资	奖金津贴	养老保险	住房公积金	应发工资
基本车间	甲产品生产人员	78 700	2 910	16 322	8 161	57 127
	乙产品生产人员	12 010	1 600	2 722	1361	9 527
车间管理人员		3 800	1 600	1 080	540	3 780
行政管理人员		5 700	3 100	1 760	880	6 160
合　计		100 210	9 210	21 884	10 942	76 549

14．1 月 8 日按工资总额的 14%提取职工福利费。原始凭证如表 3-27 所示。

要求：填写应付福利费计提表。

表 3-27

应付福利费计提表

年　月　日　　单位：元

人 员 类 别		工资总额	计提比例	计提金额
生产工人	生产甲产品工人			
	生产乙产品工人			
	小　计			
车间管理人员				
行政管理人员				
合　计				

主管：　　审核：　　制表：

15．1 月 10 日以银行存款缴纳上月增值税 87 000 元，消费税 49 200 元，所得税 31 000

元。原始凭证如表 3-28、表 3-29、表 3-30 所示。

表 3-28

中华人民共和国增值税 税收缴款书

隶属关系：

经济类型：国有企业　　　　　　　填发日期：2007 年 01 月 10 日

<table>
<tr><td rowspan="3">预算科目</td><td colspan="2">编号</td><td></td><td rowspan="3" colspan="2">缴款单位</td><td colspan="2">全称</td><td colspan="7">顺达有限责任公司</td></tr>
<tr><td colspan="2">预算级次</td><td>中央</td><td colspan="2">账号</td><td colspan="7">614-90368</td></tr>
<tr><td colspan="2">收款国库</td><td></td><td colspan="2">开户银行</td><td colspan="7">工行区办</td></tr>
<tr><td colspan="6">税款所属时间：2006 年 12 月</td><td colspan="9">税款限缴时间 2007 年 12 月 10 日</td></tr>
<tr><td rowspan="2">税款名称</td><td rowspan="2" colspan="2">计缴基数</td><td rowspan="2">比率</td><td rowspan="2">扣除比率</td><td rowspan="2">已缴或扣除额</td><td colspan="10">实缴税额</td></tr>
<tr><td>千</td><td>百</td><td>十</td><td>万</td><td>千</td><td>百</td><td>十</td><td>元</td><td>角</td><td>分</td></tr>
<tr><td>增值税</td><td colspan="2">1 420 000.00</td><td>17%</td><td></td><td>154 400.00</td><td></td><td></td><td>￥</td><td>8</td><td>7</td><td>0</td><td>0</td><td>0</td><td>0</td><td>0</td></tr>
<tr><td></td><td colspan="2"></td><td></td><td></td><td></td><td></td><td></td><td></td><td></td><td></td><td></td><td></td><td></td><td></td><td></td></tr>
<tr><td></td><td colspan="2"></td><td></td><td></td><td></td><td></td><td></td><td></td><td></td><td></td><td></td><td></td><td></td><td></td><td></td></tr>
<tr><td>金额合计</td><td colspan="5">人民币（大写） 捌万柒仟元整</td><td></td><td></td><td>￥</td><td>8</td><td>7</td><td>0</td><td>0</td><td>0</td><td>0</td><td>0</td></tr>
<tr><td>缴款单位（盖章）
经办人（盖章）</td><td colspan="2">税务机关（盖章）</td><td colspan="6">上列款项已收妥并划转收款单位账户
（收款银行盖章）</td><td colspan="2">备注</td><td colspan="5"></td></tr>
</table>

表 3-29

中华人民共和国消费税 税收缴款书

隶属关系：

经济类型：国有企业　　　　　　　填发日期：2007 年 01 月 10 日

<table>
<tr><td rowspan="3">预算科目</td><td colspan="2">编号</td><td></td><td rowspan="3" colspan="2">缴款单位</td><td colspan="2">全称</td><td colspan="7">顺达有限责任公司</td></tr>
<tr><td colspan="2">预算级次</td><td>中央</td><td colspan="2">账号</td><td colspan="7">614-90368</td></tr>
<tr><td colspan="2">收款国库</td><td></td><td colspan="2">开户银行</td><td colspan="7">工行区办</td></tr>
<tr><td colspan="6">税款所属时间：2006 年 12 月</td><td colspan="9">税款限缴时间 2007 年 12 月 10 日</td></tr>
<tr><td rowspan="2">税款名称</td><td rowspan="2" colspan="2">计缴基数</td><td rowspan="2">比率</td><td rowspan="2">扣除比率</td><td rowspan="2">已缴或扣除额</td><td colspan="10">实缴税额</td></tr>
<tr><td>千</td><td>百</td><td>十</td><td>万</td><td>千</td><td>百</td><td>十</td><td>元</td><td>角</td><td>分</td></tr>
<tr><td>消费税</td><td colspan="2">492 000.00</td><td>10%</td><td></td><td></td><td></td><td></td><td>￥</td><td>4</td><td>9</td><td>2</td><td>0</td><td>0</td><td>0</td><td>0</td></tr>
<tr><td></td><td colspan="2"></td><td></td><td></td><td></td><td></td><td></td><td></td><td></td><td></td><td></td><td></td><td></td><td></td><td></td></tr>
<tr><td></td><td colspan="2"></td><td></td><td></td><td></td><td></td><td></td><td></td><td></td><td></td><td></td><td></td><td></td><td></td><td></td></tr>
<tr><td>金额合计</td><td colspan="5">人民币（大写） 肆万玖仟贰佰元整</td><td></td><td></td><td>￥</td><td>4</td><td>9</td><td>2</td><td>0</td><td>0</td><td>0</td><td>0</td></tr>
<tr><td>缴款单位（盖章）
经办人（盖章）</td><td colspan="2">税务机关（盖章）</td><td colspan="6">上列款项已收妥并划转收款单位账户
（收款银行盖章）</td><td colspan="2">备注</td><td colspan="5"></td></tr>
</table>

表 3-30

中华人民共和国所得税 税收缴款书

隶属关系：

经济类型：国有企业　　　　　填发日期：2007 年 01 月 10 日

<table>
<tr><td rowspan="3">预算科目</td><td>编号</td><td></td><td rowspan="3">缴款单位</td><td>全称</td><td>顺达有限责任公司</td></tr>
<tr><td>预算级次</td><td>中央</td><td>账号</td><td>614-90368</td></tr>
<tr><td>收款国库</td><td></td><td>开户银行</td><td>工行区办</td></tr>
<tr><td colspan="4">税款所属时间：2006 年 12 月</td><td colspan="2">税款限缴时间 2007 年 12 月 10 日</td></tr>
</table>

<table>
<tr><td rowspan="2">税款名称</td><td rowspan="2">计缴基数</td><td rowspan="2">比率</td><td rowspan="2">扣除比率</td><td rowspan="2">已缴或扣除额</td><td colspan="10">实缴税额</td></tr>
<tr><td>千</td><td>百</td><td>十</td><td>万</td><td>千</td><td>百</td><td>十</td><td>元</td><td>角</td><td>分</td></tr>
<tr><td>所得税</td><td>93 939.40</td><td>33%</td><td></td><td></td><td></td><td></td><td>¥</td><td>3</td><td>1</td><td>0</td><td>0</td><td>0</td><td>0</td><td>0</td></tr>
<tr><td></td><td></td><td></td><td></td><td></td><td></td><td></td><td></td><td></td><td></td><td></td><td></td><td></td><td></td><td></td></tr>
<tr><td></td><td></td><td></td><td></td><td></td><td></td><td></td><td></td><td></td><td></td><td></td><td></td><td></td><td></td><td></td></tr>
<tr><td>金额合计</td><td colspan="4">人民币（大写）叁万壹仟元整</td><td></td><td></td><td>¥</td><td>3</td><td>1</td><td>0</td><td>0</td><td>0</td><td>0</td><td>0</td></tr>
<tr><td>缴款单位（盖章）
经办人（盖章）</td><td>税务机关（盖章）</td><td colspan="5">上列款项已收妥并划转收款单位账户
（收款银行盖章）</td><td colspan="2">备注</td><td colspan="6"></td></tr>
</table>

16．1 月 11 日以库存现金支付办公用品费 220 元，其中：生产车间 80 元（纸夹 20 个，单价 20 元），行政管理部门 140 元（圆珠笔 20 支，单价 2.5 元；笔记本 60 本，单价 1.5 元）。原始凭证见表 3-31。

要求：代售货单位填写普通发票（发票联）。

表 3-31

工商企业统一发票

购货单位：　　　　　　　　　　年　　月　　日

<table>
<tr><td rowspan="2">货号</td><td rowspan="2">品名规格</td><td rowspan="2">计量单位</td><td rowspan="2">数量</td><td rowspan="2">单价</td><td colspan="8">金　额</td><td rowspan="2">备注</td></tr>
<tr><td>十</td><td>万</td><td>千</td><td>百</td><td>十</td><td>元</td><td>角</td><td>分</td></tr>
<tr><td></td><td></td><td></td><td></td><td></td><td></td><td></td><td></td><td></td><td></td><td></td><td></td><td></td><td></td></tr>
<tr><td></td><td></td><td></td><td></td><td></td><td></td><td></td><td></td><td></td><td></td><td></td><td></td><td></td><td></td></tr>
<tr><td></td><td></td><td></td><td></td><td></td><td></td><td></td><td></td><td></td><td></td><td></td><td></td><td></td><td></td></tr>
<tr><td></td><td></td><td></td><td></td><td></td><td></td><td></td><td></td><td></td><td></td><td></td><td></td><td></td><td></td></tr>
<tr><td></td><td></td><td></td><td></td><td></td><td></td><td></td><td></td><td></td><td></td><td></td><td></td><td></td><td></td></tr>
<tr><td>合计</td><td colspan="4">人民币（大写）</td><td></td><td></td><td></td><td></td><td></td><td></td><td></td><td></td><td></td></tr>
</table>

17. 1 月 12 日以银行存款偿付前开给立达工厂到期的商业汇票 21 000 元。原始凭证如表 3-32 所示。

表 3-32

工商银行特种转账凭证

2007 年 01 月 12 日

收款单位	全　　称	立达工厂	付款单位	全　　称	顺达有限责任公司								
	账号或地址	78-62041		账号或地址	614-90368								
	开户银行	工行区办		开户银行	工行区办								
金额	人民币（大写）　贰拾壹万元整				百	十	万	千	百	十	元	角	分
					¥	2	1	0	0	0	0	0	0
转账原因	偿还到期的商业汇票 银行盖章		科目 对方科目 复核员　　记账员										

18. 1 月 13 日向银行申请取得为期两年借款 300 000 元。原始凭证如表 3-33 所示。

表 3-33

借款借据（代收账通知）

2007 年 01 月 13 日

借款单位	顺达有限责任公司		借款户账号	614-90368											
			存款户账号												
人民币（大写）：叁拾万元整					万	千	百	十	万	千	百	十	元	角	分
							¥	3	0	0	0	0	0	0	0
借款种类	长期	约定还款日	2009 年 1 月 13 日	利率	10%										
借款用途	业务经营	展期到期日		利率											
借款单位预留财务专用章 代表签章		担保单位户名 担保单位账号 担保单位开户银行		担保单位公章 担保单位法人代表章 记账											

行长：初建国　　　　科（处）长：张力　　　　信贷员：王楠

19．1 月 15 日销售给市五金交电公司乙产品 80 辆，每辆售价 2 950 元，增值税 40 120 元。产品发出，货款已收存入银行。原始凭证如表 3-34、表 3-35 所示。

表 3-34

中国工商银行进账单（收款通知）

2007 年 01 月 15 日 第 221 号

<table>
<tr><td rowspan="3">收款人</td><td>全称</td><td>顺达有限责任公司</td><td rowspan="3">付款人</td><td>全称</td><td colspan="9">市五金交电公司</td></tr>
<tr><td>账号</td><td>614-90368</td><td>账号</td><td colspan="9">41-720419</td></tr>
<tr><td>开户银行</td><td>工行区办</td><td>开户银行</td><td colspan="9">工行区办</td></tr>
<tr><td colspan="5" rowspan="2">人民币（大写）贰拾柒万陆仟壹佰贰拾元整</td><td>百</td><td>十</td><td>万</td><td>千</td><td>百</td><td>十</td><td>元</td><td>角</td><td>分</td></tr>
<tr><td>¥</td><td>2</td><td>7</td><td>6</td><td>1</td><td>2</td><td>0</td><td>0</td><td>0</td></tr>
<tr><td colspan="2">票据种类</td><td>转账支票</td><td colspan="11" rowspan="3">收款人开户行盖章</td></tr>
<tr><td colspan="2">票据张数</td><td>1</td></tr>
<tr><td colspan="3">单位主管　　复核
会计　　记账</td></tr>
</table>

表 3-35

增值税专用发票

开票日期： 2007 年 01 月 15 日 No 0028626

<table>
<tr><td rowspan="2">购货单位</td><td>名　称</td><td colspan="3">市五金交电公司</td><td colspan="8">纳税人登记号</td><td colspan="8">21007</td></tr>
<tr><td>地址、电话</td><td colspan="3">新华路 2 号 8264525</td><td colspan="8">开户行及账号</td><td colspan="8">31-675981</td></tr>
<tr><td colspan="2" rowspan="2">货物或应税劳务名称</td><td rowspan="2">计量单位</td><td rowspan="2">数量</td><td rowspan="2">单价</td><td colspan="8">金　额</td><td rowspan="2">税率（%）</td><td colspan="7">税　额</td></tr>
<tr><td>十</td><td>万</td><td>千</td><td>百</td><td>拾</td><td>元</td><td>角</td><td>分</td><td>万</td><td>千</td><td>百</td><td>拾</td><td>元</td><td>角</td><td>分</td></tr>
<tr><td colspan="2">乙产品</td><td>辆</td><td>80</td><td>2950.00</td><td>2</td><td>3</td><td>6</td><td>0</td><td>0</td><td>0</td><td>0</td><td>0</td><td>17</td><td>4</td><td>0</td><td>1</td><td>2</td><td>0</td><td>0</td><td>0</td></tr>
<tr><td colspan="2"></td><td></td><td></td><td></td><td></td><td></td><td></td><td></td><td></td><td></td><td></td><td></td><td></td><td></td><td></td><td></td><td></td><td></td><td></td><td></td></tr>
<tr><td colspan="2">合　计</td><td></td><td></td><td></td><td>2</td><td>3</td><td>6</td><td>0</td><td>0</td><td>0</td><td>0</td><td>0</td><td></td><td>4</td><td>0</td><td>1</td><td>2</td><td>0</td><td>0</td><td>0</td></tr>
<tr><td colspan="2">价税合计（大写）</td><td colspan="19">零仟零佰贰拾柒万陆仟壹佰贰拾零元零角零分　（小写）¥276120.00</td></tr>
<tr><td rowspan="2">销货单位</td><td>名　称</td><td colspan="3">顺达有限责任公司</td><td colspan="8">纳税人登记号</td><td colspan="8">30898</td></tr>
<tr><td>地址、电话</td><td colspan="3">梅城 9706395</td><td colspan="8">开户行及账号</td><td colspan="8">工行区办 614-90368</td></tr>
<tr><td>备注</td><td colspan="20"></td></tr>
</table>

销货单位（章）　收款人：郭玉梅　开票人：李鹏　开票单位（章）

20．1 月 15 日为生产甲产品领用 A 材料 6 000 千克，单位成本 10 元；B 材料 24 000 千克，单位成本 5 元。为生产乙产品领用 A 材料 1 000 千克，单位成本 10 元；C 材料 900 件，单位成本 230 元。原始凭证如表 3-36、表 3-37 所示。

要求：填制领料单（财务联）。

表 3-36

领 料 单

领料单位： 编号：

用 途： 年 月 日 仓库：

材料类别	材料编号	材料名称及规格	计量单位	数量		金额	
				请领	实领	单价（元）	总价（元）
合 计							

记账： 发料： 领料部门负责人： 领料：

表 3-37

领 料 单

领料单位： 编号：

用 途： 年 月 日 仓库：

材料类别	材料编号	材料名称及规格	计量单位	数量		金额	
				请领	实领	单价（元）	总价（元）
合 计							

记账： 发料： 领料部门负责人： 领料：

21．1 月 18 日，以现金报销职工医药费 910 元。原始凭证如表 3-38 所示。

表 3-38

人民医院医药费收据

姓名：李珉　　2007 年 1 月 18 日　　No 05396473

项　目	金		额				项　目	金		额			
	千	百	十	元	角	分		千	百	十	元	角	分
西药费		1	2	8	0	0	住院费		3	2	0	0	0
中药费			7	2	0	0	理疗费						
注射费			2	0	0	0	化验费		1	2	0	0	0
处置费			5	0	0	0	检查费		2	0	0	0	0
合　计	¥	2	7	0	0	0		¥	6	4	0	0	
人民币（大写）：零仟玖佰壹拾元零角零分								（小写）¥910.00					

收款人：张伟　　经手人：孙方

22．1 月 18 日，以银行存款支付 10 月 18 日向银行申请借入的 80 000 元借款。原始凭证如表 3-39 所示。

要求：填制转账支票

表 3-39

<table>
<tr>
<td>
中国××银行
转账支票存根
IV V931012
科　　目：__________
对方科目：__________
出票日期　　年　月　日
收款人：
金　额：
用　途：
单位主管　　　会计
</td>
<td>
中国××银行转账支票　　IV V931012
本支票付款期十天
出票日期(大写)　　年　　月　　日　付款行名称：
收款人：　　出票人账号：
人民币（大写）　千 | 百 | 十 | 万 | 千 | 百 | 十 | 元 | 角 | 分
用途______________
上列款项请从我账户内支付
出票人签章
科目（借）______________
对方科目（贷）____________
付讫日期　　年　　月　　日
出纳　　　复核　　　记账
贴对号单处　IV V931012
</td>
</tr>
</table>

23.1 月 19 日，以银行存款支付生产车间机器设备维修费 2 000 元。原始凭证如表 3-40、

表 3-41 所示。

要求：填制转账支票

表 3-40

<table>
<tr><td rowspan="2">中国××银行
转账支票存根
IV V931013
科　　目：________
对方科目：________
出票日期　年　月　日
收款人：
金　额：
用　途：
单位主管　　　会计</td><td colspan="2">中国××银行转账支票　　IV V931013
本支票付款期十天
出票日期(大写)　　年　　月　　日　付款行名称：
收款人：　　出票人账号：
人民币（大写）　千 百 十 万 千 百 十 元 角 分</td></tr>
<tr><td>用途________________
上列款项请从我账户内支付
出票人签章</td><td>科目（借）________________
对方科目（贷）________________
付讫日期　　年　　月　　日
出纳　　　复核　　　记账
贴对号单处　IV V931013</td></tr>
</table>

表 3-41

工商企业统一发票

购货单位：顺达有限责任公司　　　　2007 年 01 月 19 日

货号	品名规格或加工修理	计量单位	数量	单价	金额 十	万	千	百	十	元	角	分	备注
	机器设备维修					￥	2	0	0	0	0	0	
合计	人民币（大写）贰仟元整					￥	2	0	0	0	0	0	

单位（印章）　　　　财务：　　　　开票：高强

24．1 月 20 日，销售给市生产资料公司甲产品 500 件，每件售价 330 元；乙产品 100 辆，每辆售价 2 950 元，增值税总计 78 200 元。产品发出，收到市生产资料公司开出为期三个月的商业汇票一张。原始凭证如表 3-42、表 3-43 所示。

要求：填制商业承兑汇票（市生产资料公司开户银行：工行区办，账号：615-00147）。

表 3-42

增值税专用发票

开票日期：　2007 年 01 月 20 日　No 0028626

<table>
<tr><td rowspan="2">购货单位</td><td>名 称</td><td colspan="3">市生产资料公司</td><td colspan="8">纳税人登记号</td><td colspan="8">42893</td></tr>
<tr><td>地址、电话</td><td colspan="3">新华路 7 号 8262739</td><td colspan="8">开户行及账号</td><td colspan="8">工行区办 615-00147</td></tr>
<tr><td colspan="2" rowspan="2">货物或应税劳务名称</td><td rowspan="2">计量单位</td><td rowspan="2">数量</td><td rowspan="2">单价</td><td colspan="8">金　额</td><td rowspan="2">税率（%）</td><td colspan="7">税　额</td></tr>
<tr><td>十</td><td>万</td><td>千</td><td>百</td><td>拾</td><td>元</td><td>角</td><td>分</td><td>万</td><td>千</td><td>百</td><td>拾</td><td>元</td><td>角</td><td>分</td></tr>
<tr><td colspan="2">甲产品</td><td>件</td><td>500</td><td>330.00</td><td>1</td><td>6</td><td>5</td><td>0</td><td>0</td><td>0</td><td>0</td><td>0</td><td>17</td><td>2</td><td>8</td><td>0</td><td>5</td><td>0</td><td>0</td><td>0</td></tr>
<tr><td colspan="2">乙产品</td><td>辆</td><td>100</td><td>2950.00</td><td>2</td><td>9</td><td>5</td><td>0</td><td>0</td><td>0</td><td>0</td><td>0</td><td>17</td><td>5</td><td>0</td><td>1</td><td>5</td><td>0</td><td>0</td><td>0</td></tr>
<tr><td colspan="2">合　计</td><td></td><td></td><td></td><td>4</td><td>6</td><td>0</td><td>0</td><td>0</td><td>0</td><td>0</td><td>0</td><td></td><td>7</td><td>8</td><td>2</td><td>0</td><td>0</td><td>0</td><td>0</td></tr>
<tr><td colspan="2">价税合计（大写）</td><td colspan="19">零仟零佰伍拾叁万捌仟贰佰零拾零元零角零分　（小写）￥538200.00</td></tr>
<tr><td rowspan="2">销货单位</td><td>名　称</td><td colspan="4">顺达有限责任公司</td><td colspan="7">纳税人登记号</td><td colspan="9">30898</td></tr>
<tr><td>地址、电话</td><td colspan="4">梅城 9706395</td><td colspan="7">开户行及账号</td><td colspan="9">工行区办 614-90368</td></tr>
<tr><td>备注</td><td colspan="20"></td></tr>
</table>

销货单位（章）　收款人：郭玉梅　开票人：李鹏　开票单位（章）

表 3-43

商业承兑汇票

汇票号码　号

签发日期：　2007 年 01 月 20 日　第　号

<table>
<tr><td rowspan="3">收款人</td><td>全　称</td><td colspan="2"></td><td rowspan="3">付款人</td><td>全　称</td><td colspan="9"></td></tr>
<tr><td>账　号</td><td colspan="2"></td><td>账　号</td><td colspan="9"></td></tr>
<tr><td>开户银行</td><td colspan="2"></td><td>开户银行</td><td colspan="9"></td></tr>
<tr><td colspan="6" rowspan="2">人民币（大写）</td><td>百</td><td>十</td><td>万</td><td>千</td><td>百</td><td>十</td><td>元</td><td>角</td><td>分</td></tr>
<tr><td></td><td></td><td></td><td></td><td></td><td></td><td></td><td></td><td></td></tr>
<tr><td colspan="2">汇票到期日</td><td></td><td colspan="3">交易合同号码</td><td colspan="9"></td></tr>
<tr><td colspan="6">备注：</td><td colspan="9">负责：　经办人：</td></tr>
</table>

25．1 月 21 日，出售上月购买的股票 600 股，原账面价值每股 100 元，出售收入 60 900 元，存入银行。原始凭证如表 3-44 所示。

表 3-44

证券交割单

字第 5408 号

<table>
<tr><td colspan="2">交割日期</td><td colspan="2">2007 年 01 月 21 日</td><td colspan="2">证券种类</td><td colspan="8">青岛啤酒</td></tr>
<tr><td rowspan="2">转让单位</td><td>全称</td><td colspan="2">顺达有限责任公司</td><td colspan="2">数量</td><td colspan="8">600 股</td></tr>
<tr><td>编号</td><td colspan="2">26-0007018</td><td colspan="2">面值</td><td colspan="8">60 000 元</td></tr>
<tr><td colspan="2">转让费用</td><td>300.00</td><td colspan="2">转让收入</td><td colspan="9">61 200.00</td></tr>
<tr><td colspan="2" rowspan="2">转让净收入</td><td colspan="4" rowspan="2">人民币（大写）陆万零玖佰元整</td><td>十</td><td>万</td><td>千</td><td>百</td><td>十</td><td>元</td><td>角</td><td>分</td></tr>
<tr><td></td><td>6</td><td>0</td><td>9</td><td>0</td><td>0</td><td>0</td><td>0</td></tr>
<tr><td colspan="14">上述转让净收入已办妥转入你单位存款账户
证券交易所（印章）</td></tr>
</table>

26．1 月 23 日，以现金报销业务招待费 700 元。原始凭证如表 3-45 所示。

表 3-45

×市饮食业统一发票

客户名称：顺达有限责任公司　　No 0586932

<table>
<tr><td rowspan="2">项目</td><td rowspan="2">单位</td><td rowspan="2">数量</td><td rowspan="2">单价</td><td colspan="7">金　额</td><td rowspan="2">备注</td></tr>
<tr><td>万</td><td>千</td><td>百</td><td>十</td><td>元</td><td>角</td><td>分</td></tr>
<tr><td>餐费</td><td></td><td></td><td></td><td></td><td>￥</td><td>7</td><td>0</td><td>0</td><td>0</td><td>0</td><td></td></tr>
<tr><td></td><td></td><td></td><td></td><td></td><td></td><td></td><td></td><td></td><td></td><td></td><td></td></tr>
<tr><td></td><td></td><td></td><td></td><td></td><td></td><td></td><td></td><td></td><td></td><td></td><td></td></tr>
<tr><td colspan="4">人民币（大写）柒佰元整</td><td></td><td>￥</td><td>7</td><td>0</td><td>0</td><td>0</td><td>0</td><td></td></tr>
</table>

27．1 月 24 日，月末财产清查发现 A 材料盘盈 30 千克，计 300 元；乙产品盘亏 1 辆，计 2454 元，待批准处理。原始凭证如表 3-46 所示。

要求：填写财产盘查报告单。

表 3-46

财产盘盈盘亏报告单

部门： 年 月 日 第 号

财产名称	单位	盘盈			盘亏			原因
		数量	单位	金额	数量	单位	金额	
A 材料								
乙产品								
领导批示								

主管： 制单：

28．1 月 25 日，职工王林觉用现金 5 000 元偿还借款。原始凭证如表 3-47 所示。

要求：填写收据。

表 3-47

收 据

年 月 日 第 58 号

<table>
<tr><td colspan="6">今收到</td></tr>
<tr><td colspan="6">人民币（大写） （小写）￥</td></tr>
<tr><td colspan="4" rowspan="3">事由</td><td colspan="2">现 金</td></tr>
<tr><td colspan="2">支票第 号</td></tr>
<tr><td colspan="2"></td></tr>
<tr><td>收款单位</td><td></td><td>财务主管</td><td></td><td>收款人</td><td></td></tr>
</table>

29．1 月 30 日，将本月发生的制造费用按生产工时（甲产品工时 8 000、乙产品工时 12 000）比例分配转入甲、乙产品制造成本。原始凭证如表 3-48 所示。

要求：填制制造费用分配表。

表 3-48

制造费用分配表

年 月 日

产品名称	分配标准（生产工时）	分配率	应分配金额	备注
甲产品				
乙产品				
合 计				

30．1月30日，结转本月已售甲产品1 300件、乙产品180辆（甲单位成本350元、乙单位成本485元）的生产成本。原始凭证如表3-49所示。

要求：填制产品销售成本计算表。

表3-49

已销产品成本计算单

年 月 日

产品名称	单位	销售数量	单位成本	销售成本	备注
甲产品					
乙产品					
合 计					

三、实训要求

1．根据实训资料所列经济业务审核、填制有关原始凭证。

2．根据有关实训资料（本实训的全部业务）逐笔填制记账凭证（要求按收款凭证、付款凭证、转账凭证分别填制）。

四、实训指导

（一）原始凭证的填制

1．概述

原始凭证是证明经济业务已经发生或完成，明确经济责任并用以办理业务手续的书面证明。原始凭证按填制单位不同，有自制凭证和外来凭证；按填制方法不同，有一次凭证、累计凭证和汇总凭证；按格式不同，有统一凭证和专用凭证。原始凭证的填制，一般由发生经济业务单位的经办人员填写，其中大部分由企业事业单位业务部门的经办人员填写，少部分由会计人员填写。

2．要求

正确填制原始凭证的基本要求是：经办人员在填制原始凭证时，要对经济业务的内容进行审核，审核无误后才能填制原始凭证；根据经济业务的性质填制相应的凭证，其原始凭证要采用本部门、行业、企业或地区、全国统一规定的标准格式；原始凭证的项目要填写齐全；凭证书写要清楚，凭证上的文字和数字，要用蓝色墨水书写，如有书写错误，应按照规定方法更正或作废，任何凭证不得污染、抹擦、刀刮或挖补；凭证填制要真实地反映经济业务，按规定时间填写；检查有关手续是否完备。具体要求如下。

（1）按原始凭证的基本要素填列，不得遗漏。原始凭证的基本要素包括：凭证的名称；填制凭证日期；填制凭证单位名称或者填制人员姓名；经办人的签名或者盖章；接受凭证单位名称；经济业务内容、数量、单价和金额。

（2）填制在凭证上的经济业务要与实际相符，数字要真实可靠。从外单位取得的原始凭证须盖有填制单位的公章；从个人取得的原始凭证，必须有填制人员的签名或盖章；自制原始凭证必须有经办单位领导人或者其指定的人员签名或盖公章。对外开出的原始凭证，必须加盖本单位公章。

（3）凡填有大写、小写金额的凭证，大写、小写金额必须相符。购买实物的原始凭证，必须有验收证明；支付款项的原始凭证，必须有收款单位和收款人的收款证明。

（4）填制在凭证中的摘要应简明扼要，字迹要清楚，易于辨认。原始凭证填制出现错误，不得涂改和挖补，应由开出单位重开或者更正，更正处应加盖开出单位的公章。一式几联的发票和收据，必须用双面复写纸套写，并连续编号；废时应加盖“作废”戳记，连同存根一起保存，不得撕毁。

（5）发生销货退回的，还必须有退货验收证明；退货时，必须取得对方的收款收据或者汇款银行的凭证，不能用退货发票代替收据。

3．步骤

（1）熟悉经济业务。在填制原始凭证之前，要熟悉实训资料中每笔经济业务，对经济业务发生的条件、原因、制度规定和情况有所了解。

（2）填制原始凭证。在熟悉经济业务的基础上，逐笔填制原始凭证。

（3）检查原始凭证。对填制完毕的原始凭证，要逐笔检查业务手续是否齐全。

（二）原始凭证的审核

1．概述

在实际工作中，外来的和自制的原始凭证，一般都符合有关规定，既能证明发生或完成的经济业务，又能做到填制手续完备，用以办理有关业务手续。但是，实际会计操作中也存在着由于经济业务的经办人员，对有关填制原始凭证的要求不熟悉或工作疏漏，或有意弄虚作假，致使填制的原始凭证不符合要求。为了更好地发挥会计监督的作用，会计人员要对原始凭证进行严格审核。通过开设对原始凭证进行审核的实训，帮助学生熟练掌握审核原始凭证的要求与方法。

2．要求

对填制的原始凭证要全面审核。

（1）审核原始凭证的真实性。审核原始凭证的基本内容包括：凭证的名称、接受凭证单位的名称、填制凭证的日期、经济业务的内容、总金额、填制单位和填制人员及有关人员的公章和签名、凭证的附件和凭证的编号等，是否真实和正确。

凡有下列情况之一者不能作为正确的会计凭证。

① 未写接受单位名称或名称不符。

② 数量和金额计算不正确。

③ 有关责任人员未签字或未盖章。

④ 凭证联次不符。

⑤ 有污染、抹擦、刀刮和挖补痕迹。

（2）审核原始凭证的合法性。审核经济业务的发生是否符合党和国家的路线、方针、政策和法规。

凡有下列情况之一者不能作为合法的会计凭证。

① 多计或少计收入、支出、费用、成本。

② 擅自扩大开支范围，提高开支标准。

③ 不按国家规定的资金渠道和用途使用资金，或挪用资金进行基本建设。

④ 巧立名目，虚报冒领，滥发奖金、津贴、加班费、防护用品、福利费或实物，违反规定借出公款、公物。

⑤ 套取现金，签发空头支票。

⑥ 不按国家规定的标准、比例提取费用（或专用基金）。

⑦ 私分公共财物和资金。

⑧ 擅自动用公款、公款请客送礼。

⑨ 不经有关单位批准、购买、自制属于国家控制购买的商品。

3．步骤

（1）熟悉经济业务。在审核原始凭证之前，要熟悉经济业务。

（2）对实训资料中的原始凭证进行审核。

（3）对审核后的原始凭证进行处理。对于符合要求的原始凭证，应按规定及时办理会计手续；对于业务真实但不符合要求的原始凭证，应指明存在的问题，予以退回补正；对于不合法和不合理的原始凭证，应指出其错误，拒绝接受办理。

（三）记账凭证的填制

填制记账凭证时，应根据经济业务的说明与提示和每笔业务的原始凭证，对其分析审核无误后，按照记录真实、内容完整、手续齐备、编制及时、书写规范的要求，正确填写凭证的各项内容。本次实训的记账凭证采用专用记账凭证形式，即收款凭证、付款凭证、转账凭证。具体填制要求如下。

1．选用相应的记账凭证种类（收、付、转）。对涉及现金、银行存款的收款业务，应填制收款凭证；涉及现金、银行存款付款的业务，应填制付款凭证；与现金、银行存款收付业务无关的经济业务，应填制转账凭证。

2．填写凭证的日期。该日期反映每笔业务处理完毕时的日期。实训中假设经济业务处理日期即为经济业务发生的当期，故记账凭证日期均按原始凭证日期填列。

3．记账凭证的编号。记账凭证必须连续编号，目的是分清会计事项的处理顺序，确保记账凭证的完整。采用专用记账凭证时，应按收字、付字、转字分别顺序连续编号，即每个月都从收字 1 号、付字 1 号、转字 1 号依顺序编号。对于一笔会计分录需要填制两张或两张以上记账凭证的，采用分数编号法，如 8 号会计事项的会计分录属复合会计分录，一张凭证填制不完，需要填制三张记账凭证，凭证编号编为 $5\frac{1}{3}$、$5\frac{2}{3}$、$5\frac{3}{3}$ 号。月末应在最后一笔记账凭证（分别收、付、转）的编号旁加注“全”字，以免凭证散失。

4．填写摘要。摘要的文字应简练概括，简明扼要地说明经济业务的内容，以方便记账。

5．正确填写总账科目、明细科目及金额。能够填写明细科目的，都要写明细。金额应与原始凭证金额一致，且记账凭证中分项金额合计数应与合计栏金额相等。对于收款凭证和付款凭证，应在合计栏金额前加注人民币符号“¥”。

6．注销空行。为防止发生作假行为，应将记账凭证中未使用的空行划线注销，方法是：在金额栏最后一笔业务金额数字下至合计数字之间划线注销空行。

7．附件单据的填写。除结账和更正错账之外，记账凭证必须附有原始凭证并注明原始凭证张数。认真查对记账凭证所附的原始凭证的张数，并用大写注明原始凭证的张数，所附原始凭证的计算，一般以自然张数为准。如果记账凭证中附有记账凭证汇总表，应将所附原始凭证和原始凭证汇总表的张数一起计入附件的张数之内。如果一张原始凭证涉及两张或两张以上记账凭证的，可将原始凭证粘贴在一张主要的记账凭证后，在其他未附原始凭证的记账凭证的右侧“附单据　　张”空白处填写“见××号”。

8．凭证各栏填制齐全后，在“制单”处签名。

9．根据该凭证记账后，在“记账”栏划“√”，表明该笔业务已登记入账。

记账凭证的具体填制方法如表 3-50、表 3-51、表 3-52 所示。

表 3-50

收款凭证

借方科目：银行存款　　　　20××年 12 月 08 日　　　　收字第 1 号

摘　要	贷方科目		记账	金　额								附单据壹张
	总账科目	明细科目		十	万	千	百	十	元	角	分	
收回前欠货款	应收账款	西航机械厂			8	8	0	0	0	0	0	
合　计				¥	8	8	0	0	0	0	0	

会计主管：　　记账：　　复核：　　出纳：　　制单：×××

表 3-51

付 款 凭 证

贷方科目：库存现金　　　　20××年 12 月 8 日　　　　付字第 5 号

摘　　要	借方科目		记账	金　　额							
	总账科目	明细科目		十	万	千	百	十	元	角	分
付购办公用品款	管理费用	公司经费					1	8	0	0	0
合　　计						¥	1	8	0	0	0

附单据贰张

会计主管：　　记账：　　复核：　　出纳：　　制单：×××

表 3-52

转 账 凭 证

20××年 12 月 12 日　　　　转字第 9 号

摘　　要	总账科目	明细科目	记账	借方金额							贷方金额						
				万	千	百	十	元	角	分	万	千	百	十	元	角	分
生产 A 产品领用材料	生产成本	A 产品	√		8	6	0	0	0	0							
	原材料	甲材料										3	0	0	0	0	0
		乙材料										5	6	0	0	0	0
合　　计					8	6	0	0	0	0		8	6	0	0	0	0

附单据壹张

会计主管：　　记账：　　复核：　　出纳：　　制单：×××

五、实训用品

1．蓝或黑色水笔、直尺、计算器或算盘等。

2．收款凭证、付款凭证、转账凭证各若干张。

第三节　账簿的设置与登记实训

一、科目汇总表的编制实训

（一）实训目的

通过实训使学生掌握科目汇总表的编制方法。

（二）实训资料

顺达有限责任公司2007年1月份发生的各项经济业务原始凭证及记账凭证见本章第二节的实训资料（假定该企业除上述发生的经济业务外，没有发生其他经济业务）。

（三）实训要求

编制模拟企业1月份记账凭证的科目汇总表。

（四）实训指导

定期对记账凭证进行汇总，并据以登记总账，既可以减少记账工作量，又可以试算平衡，加强对记账凭证正确性的审核。在会计实务中，记账凭证的汇总主要采用科目汇总表方式。

1．科目汇总表

科目汇总表，也称记账凭证汇总表。它是根据一定时期的记账凭证，按照相同科目归类加计金额，并试算平衡，据以登记总账的一种记账凭证。科目汇总表的格式可根据需要自行设计，表格上不反映账户的对应关系。科目汇总表可以逐日或定期汇总编制。汇总方式分为全部汇总和分类汇总两种。全部汇总是将一定时期内的记账凭证，全部汇总到一张科目汇总表上。分类汇总是将一定时期的收款凭证、付款凭证和转账凭证分类汇总，分别编制收款、付款和转账3种汇总表，或分别编制现收、现付、银收、银付和转账5种汇总表。科目汇总表的格式如表3-53所示。

2．科目汇总表的编制

（1）科目汇总表的日期除按日汇总外，应写期间数，如×年×月×日至×日。编号一般按年填写顺序号。会计科目名称排列应与总账顺序保持一致，以方便记账。

（2）把汇总期间记账凭证的相同会计科目的借方金额和贷方金额分别相加，并填入汇总表中各该会计科目的同一方向栏内。

（3）将每一会计科目的汇总金额填入汇总表后，应分别加总计算全部会计科目的借方发生额合计和贷方发生额合计，并填入表中最末行合计栏内。

（4）注明本科目汇总表所汇总的记账凭证的起讫号数。

（5）制表、复核、会计主管、记账等人员履行职责后应分别签章。

表 3-53

科目汇总表

企业单位: 年 月 日至 日 附记账凭证 张

会计科目	√	借方金额										贷方金额									
		千	百	十	万	千	百	十	元	角	分	千	百	十	万	千	百	十	元	角	分
合 计																					

制表: 复核: 会计主管: 记账:

(五)实训用品

自制科目汇总表一张。

二、账簿的设置与登记实训

(一)实训目的

通过实训使学生明确账簿的种类和基本结构，熟悉登记账簿的一般要求，掌握会计账簿启用、设置、登记的基本操作技能。

(二)实训资料

1. 期初余额

(1) 顺达有限责任公司 2007 年 1 月 1 日有关账户期初余额如表 3-54 所示。

表 3-54

期初余额表

2007 年 01 月 01 日　　　　单位：元

账户名称	借方余额	账户名称	贷方余额
库存现金	2 510	短期借款	400 000
银行存款	200 000	应付票据	64 000
应收票据	50 000	应付账款	70 000
应收账款	18 000	预收账款	20 000
预付账款	5 500	应付职工薪酬	25 000
其他应收款	500	应交税费	33 960
原材料	300 300	实收资本	1 300 000
库存商品	260 000	资本公积	75 000
长期股权投资	100 000	盈余公积	62 340
固定资产	2 200 000	本年利润	830 000
无形资产	10 000	累计折旧	620 000
长期待摊费用	9 000		
生产成本	70 490		
利润分配	274 000		
合　计	3 500 300	合　计	3 500 300

（2）相关明细账账户余额

2007 年 1 月 1 日，有关明细账户余额如下。

①“原材料”

——A 材料 1 370 公斤，每公斤 90 元，计 123 300 元

——B 材料 2 360 公斤，每公斤 75 元，计 177 000 元

②“生产成本”：70 490 元

产品名称	月初在产品	月初在产品成本			
		直接材料	直接人工	制造费用	合计
甲产品	10	45 000	15 000	10 490	70 490

③“应付账款”

——华航有限责任公司（贷方）20 000 元

——王朝股份有限公司（贷方）50 000 元

④“应交税费”

——应交增值税 15 330 元

——应交城建税 1 073 元

——应交所得税 17 097 元

——应交教育费附加 460 元

2．“会计凭证的填制与审核实训”单元中编制的记账凭证。

3．该企业 1 月份的科目汇总表，见“科目汇总表的编制实训”单元中所编制的科目汇总表。

（三）实训要求

1．建立总分类账、日记账、明细账，粘贴、登记“账簿启用表”和“账簿目录表”。

2．登记各种账簿的期初余额。

3．根据收付款凭证登记库存现金、银行存款日记账。

4．根据记账凭证逐笔登记各种明细分类账。

5．根据科目汇总表登记总分类账。

（四）实训指导

1．会计账簿的设置

会计账簿设置的要求包括账簿设置种类的要求和账簿设置格式的要求。

（1）账簿设置种类的要求。设置账簿要能全面、系统地反映会计主体的经济活动情况，为经营管理提供必要的会计信息，贯彻统一性和灵活性原则。一般情况下要根据会计制度、管理需要和实际业务来决定，同时也要考虑本单位所选择的会计核算形式的影响。在会计实务中，每个会计主体一般都应设置总账、明细账、日记账和备查账。账簿的设置要求体系完整、组织严密、层次分明。各账簿之间既要有明确分工，互不重复，又要密切联系，互为补充；有关账簿之间要有统属关系或平行制约关系；要既便于记账，又便于报账和查账，并要注意人力、物力和财力的节约，避免过于繁琐。

（2）账簿设置格式的要求。账簿设置格式要求包括账簿装订形式要求和账页格式设计要求。总账装订形式一般应选用订本式，其账页格式应采用“三栏式”。明细账装订形式一般应采用活页式或卡片式，其账页格式可根据需要分别采用“三栏式”、“数量金额式”、“多栏式”等。如“应收账款”、“应付账款”等债权债务明细账应采用“三栏式”；“原材料”、“产成品”、“库存商品”等存货明细账应采用“数量金额式”；“材料采购”、“生产成本”、“管理费用”等成本费用明细账应采用“多栏式”。序时账装订形式一般也应采用订本式，其账页格式可采用“三栏式”或“多栏式”。备查账装订形式应采用活页式或卡片式，其账页格式可灵活设计，并注重某项经济业务的发生和注销的记录。

2．会计账簿的启用

（1）在启用账簿时，应在账簿的扉页填列“账簿启用登记表”，详细载明：单位名称、账簿名称、账簿编号、账簿页数、启用日期，加盖单位公章，并由会计主管人员和记账人员签章。更换记账人员时，应办理交接手续，在交接记录内填写交接日期和交接人、监交人姓名，加盖名章。

（2）在启用账簿时，还应填写“账户目录表”。总账账户按照科目编号和科目名称填列，写明各自的起讫页数。明细账户除按照科目编号和科目名称填列外，并要填明所属明细账户名称。若采用的是活页式账簿，可在定期装订后再按实际使用的账页顺序编制页数进行填列。

（3）在建账或结转新账时，应根据需要选择或确定会计科目、明细科目，并在账簿的账页上开设账户。在账页眉线上的有关位置要注明账户名称，然后登记期初余额。在账页右侧，按鱼鳞参差形式粘贴上口取纸，标明账户名称，以利日后查找。每个账户都应留有所需的账页数，既不能少，不够使用；也不能多，造成浪费。

3．各种账簿的登记依据

（1）库存现金日记账和银行存款日记账，应由出纳人员根据审核无误的收付款凭证逐日逐笔顺序登记。每日终了，计算出余额。

（2）总账由会计人员登记，其登记的依据取决于所采用的会计核算形式。采用记账凭证会计核算形式的，直接根据记账凭证登记；采用汇总记账凭证会计核算形式的，根据汇总记账凭证登记；采用科目汇总表会计核算形式的，根据科目汇总表登记。

（3）明细账的登记，应根据各会计主体所记录的经济业务内容、业务量大小和经营管理上的要求而定。一般来说，应根据原始凭证、原始凭证汇总表或记账凭证逐笔进行登记，也可以逐日或定期汇总登记。

（4）备查账一般根据有关资料予以登记，如会计制度有具体规定的，则从其规定。

4．登记会计账簿的具体规则和要求

（1）要根据审核无误的会计凭证记账。登记时，要对准一级科目及明细科目，将会计凭证的日期、种类和编号、摘要、借贷金额和其他有关资料一一记入账内，要求做到清晰准确，一丝不苟，谨防串户、反向或看错、写错数字。登毕后，要同时在记账凭证上注明账簿页数，或注明已经登记的符号“√”，以免重记、漏记，并且要在记账凭证上签名或盖章，以示负责。为了保持美观，每一页的第一笔业务的年、月应在年、月栏中填写，只要不跨年度或月度，以后本页再登记时，一律不填月份，只填日期。跨月登记时，应在上月的月结线下的月份栏内填写新的月份。

（2）记账时，必须用钢笔和蓝、黑墨水书写，不得使用铅笔或圆珠笔。账簿记录发生错误，不准涂改、挖补、刮擦或用褪色药水更改字迹，必须按规定方法更正。

（3）记账时，文字和数字都不能顶格书写，摘要的文字要紧靠左边和底线书写，阿拉伯数字要在相应栏次并紧靠底线书写，数字的高度约占格宽的二分之一或三分之二，除“6”可以略高，“7”和“9”可以略微下延以外，其余数字不得越格，且向右倾斜 45 度至 60 度中间。

（4）记账时，不得跳行、隔页，应按规定的页次逐行、逐页顺序连续登记。如不慎出现跳行、隔页时，应将空行用斜线注销或用“此行空白”字样注销；将空页用“×”符号注销或用“此页空白”字样注销；并在空行中间或空页的“×”符号交叉点处盖章负责。

对订本式账簿不得任意撕毁，对活页式账簿也不得任意抽换账页。

（5）账页记满时，应办理转页手续。每一账页登记完毕结转下页时，应结出本页的借贷方发生额和余额，写在本页最后一行和下页第一行有关栏内，并在摘要栏内分别注明“过次页”和“承前页”字样。对不需加计发生额的账户，可只把每页末的余额转入次页第一行余额栏内，并在摘要栏内注明“承前页”即可。具体办法是：第一，需要结计本月发生额的账户，结计“过次页”的本页合计数应为本月初至本页末止的发生额合计数；第二，不需要结计本月发生额但需要结计全年累计数的账户，结计“过次页”的本页合计数应为自年初至本页末止的累计数；第三，对某些既不需结计当月发生额又不需要结计全年累计发生额的账户，可以将每页末余额直接结转次页，但为了验证月末余额的计算是否正确，可以用铅笔结出每页的发生额，这个合计数不占正式空格，写在底线下边。

（6）有借、贷、余额栏的账户，应按规定时间结出余额，并按余额的实际情况在“借或贷”栏内写明“借”或“贷”字样；如果该账户已结平，无余额，则应在“借或贷”栏内写上“平”字，并在余额栏“元”字栏内写“0”或“ ”符号。

（7）登记银行存款日记账时，除了年、月、日、摘要、凭证号码之外，还须在特定栏内注明原始凭证的种类和号码，以满足与银行对账的要求。如“现支××号”、“信汇××号”和“转支××号”等。

（8）为了防止在账簿记录中更正错误引起连锁反应，即一个数字改动了，与之有关的其他数字都要随之改动，除月末和转页这两种情况外，其他时候登记账簿，可以暂不用墨水结计余额，若需随时了解余额，可用铅笔临时登记余额栏数字，待核实无误后，再用钢笔补填。

（五）实训用品

总分类账页、各种格式的明细分类账页、日记账页各若干张。

三、错账更正实训

（一）实训目的

通过实训使学生掌握各种错账更正方法。

（二）实训资料

1．“会计凭证的填制与审核实训”单元中的经济业务资料及编制的记账凭证资料。
2．“账簿的设置与登记实训”单元中设置与登记的各类账簿资料。

（三）实训要求

1．审核记账凭证，并进行账证核对，检查账簿记录是否正确。

2．对经济业务的原始凭证与记账凭证、记账凭证与账簿记录进行核对，找出存在的问题，采用适当的方法进行更正。

（四）实训指导

在对账过程中，可能发生各种各样的差错，产生差错的原因可能是重记、漏记、数字颠倒、数字错位、数字记错、科目记错、借贷方向记反，从而影响会计信息的正确性，如发现差错，应及时查找，并予以更正，常见的错账更正方法有以下几种。

1．划线更正法。在结账前发现账簿记录中有文字或数字错误，而记账凭证没有错误。可以采用该种方法更正错误，更正时，在错误的文字或数字上划一红线，在红线上方填上正确的文字或数字，并由更正人员在更正处盖章，以明确责任。划线时要注意，不能仅将错误的个别数字划去，要将错误数字全部划掉，并保持原有数字清晰可辨，以便于审查。

2．红字更正法。采用红字更正法，有两种情形：一是记账后发现记账凭证中应借应贷科目错误或借贷方向错误，并由此引起了账簿记录错误；二是记账凭证和账簿中应借应贷会计科目无误，但所记金额大于应记金额。对于第一种情况，更正时，首先填制一张内容与原记账凭证完全相同而金额是红字的记账凭证，在凭证摘要栏内注明“冲销×月×日第×号记账凭证”，并根据该记账凭证用红字登记账簿，以示冲销原错误记录，然后再用蓝字填制一张符合经济业务内容的记账凭证，并据以登记入账。对于第二种错误，更正方法是按多记的金额用红字编制一张与原记账凭证应借应贷科目完全相同的记账凭证，以冲销多记金额，并据以记账。

3．补充登记法。记账后，发现记账凭证和账簿记录中的应借应贷科目没有错误，但所填金额小于应记金额。更正时，可按正确的数字与错误数字之间的差值，编制一张与原记账凭证应借应贷科目完全相同的记账凭证，以补充少记的金额，使全部金额符合实际。采用此种方法时，同样要在凭证摘要栏内注明“补充登记×月×日×字第×号凭证”字样。

（五）实训用品

各类记账凭证、总分类账页、各种格式的明细分类账页、日记账页各若干张。

四、对账与结账实训

（一）实训目的

通过实训使学生掌握对账与结账的基本方法。

（二）实训资料

依据“账簿的设置与登记实训”的资料进行对账与结账。

（三）实训要求

1．月末结出各类账户本期发生额及期末余额，将总分类账簿、明细分类账簿、日记账簿中相关内容进行核对。

2．按规定的结账方法进行结账。

（四）实训指导

1．对账。对账是指为了保证账簿记录的正确性，而进行的账项之间的核对工作。它包括账证、账账、账实核对。

（1）账证核对。它是指账簿记录与记账凭证及相关原始凭证核对。核对内容包括记账时间、凭证字号、摘要内容、记账方向及金额。

（2）账账核对。它是指不同账簿之间依据它们的内在关系，核对其金额是否相符。它主要包括：所有总账借方发生额的合计数与贷方发生额的合计数应当一致并核对相符；有关总账账户余额与其所属明细分类账余额核对相符；现金日记账和银行存款日记账的余额与其总账余额核对相符；会计部门有关财产物资明细账余额与财产物资保管、使用部门的有关明细账余额是否相符。

（3）账实核对。它是指各项财产物资账面余额与实用数额之间的核对。它主要包括：现金日记账余额与企业实际库存现金额是否一致；银行存款日记账余额与银行对账单金额是否一致；各财产物资明细账与其使用保管部门的财产、物资的明细账是否一致；有关的债权、债务明细账余额是否与对方单位记录的金额一致。

2．结账。结账就是把一定时期内应记入账簿的经济业务全部登记入账后，计算并记录本期发生额及期末余额，据以编制会计报表，并将余额结转下期或新的账簿。结账可以是月末、季末、年度末。

《会计基础工作规范》规定的结账程序及方法有以下几种。

（1）结账前，必须将本期内所发生的各项经济业务全部登记入账。结账前应做好的准备工作有：查明在这个时期内所发生的经济业务是否已经全部取得凭证，并已记入有关账簿；清理债权、债务，该索要的及时索要，该偿还的及时偿还；已经生产完成的产品、半成品及时结转数量、成本；通过财产清查而发现的财产物资的盘盈、盘亏，应及时按照规定转账；根据“权责发生制”的原则，将应当归属于本期的收益、费用和应该摊销或预提的费用，进行整理、计算、入账；将各种收入、成本、费用、销售、营业外收入、支出等有关计算成本和财务成果的各账户余额结转有关账户。

（2）结账时，应当结出每个账户的期末余额。需要结出当月发生额的，应当在摘要栏内注明“本月合计”字样，并在下面通栏划单红线。需要结出本年累计发生额的，应当在摘要栏内注明“本年累计”字样，并在下面通栏划单红线；12 月末的“本年累计”就是全年累计发生额，在全年累计发生额下方应当通栏划双红线，年度终了结账时，所有总账账户都应当结出全年发生额和年末余额。

具体来说，结账时应该根据不同的账户记录分别采用不同的结账方法。

对于不需要按月结计本期发生额的账户，如各项应收款明细账和各项财产物资明细账等，每次记账以后，都要随时结出余额，每月最后一笔余额即为月末余额。也就是说，月末余额就是本月最后一笔经济业务记录的同一行内的余额。月末结账时，只需要在最后一笔经济业务记录之下通栏划一单红线，不需要再结计一次余额。

现金、银行存款日记账和需要按月结计发生额的收入、费用等明细账，每月结账时，要在最后一笔经济业务记录下面划一单红线，结出本月发生额和余额，在摘要栏内注明“本月合计”字样，在下面通栏划一条单红线。

需要结计本年累计发生额的某些明细账户，如主营业务收入、成本明细账等，每月结账时，应在“本月合计”行下结计自年初起至本月末止的累计发生额，登记在月份发生额下面，在摘要栏内注明“本年累计”字样，并在下面通栏划一单红线。12 月末的“本年累计”就是全年累计发生额，并在全年累计发生额下通栏划双红线。

总账账户平时只需结计月末余额。年终结账时，为了反映全年各项资产、负债及所有者权益增减变动的全貌，便于核对账目，要将所有总账账户结计全年发生额和年末余额，在摘要栏内注明“本年合计”字样，并在合计数下通栏划一双红线。采用棋盘式总账和科目汇总表代替总账的单位，年终结账，应当汇编一张全年合计的科目汇总表和棋盘式总账。

需要结计本月发生额的某些账户，如果本月只发生一笔经济业务，由于这笔记录的金额就是本月发生额，结账时，只要在此行记录下通栏划一单红线，表示与下月的发生额分开就可以了，不需另结出“本月合计”数。

（3）年度终了，要把各账户的余额结转到下一会计年度，并在摘要栏注明“结转下年”字样；在下一会计年度新建有关会计账簿的余额栏内填写上年结转的余额，并在摘要栏注明“上年结转”字样。

对于怎样把有余额的账户余额结转下年，实际工作中有以下两种不规范的方法。

① 将本账户年末余额，以相反的方向记入最后一笔账下的发生额内。例如：某账户年末为借方余额，在结账时，将此项余额填列在贷方发生额栏内（余额如为贷方，则作相反记录），在摘要栏填明“结转下年”字样，在“借或贷”栏内填“平”字并在余额栏的“元”位上填列“0”或“⊗”符号，表示账目已经结平。

② 在“本年累计”发生额的次行，将年初余额按其同方向记入发生额栏内，并在摘要栏内填明“上年结转”字样；在次行登记年末余额，如为借方余额，填入贷方发生额栏内，反之记入借方，并在摘要栏填明“结转下年”字样。同时，在该行的下端加计借、贷各方的总计数，并在该行摘要栏内填列“总计”两字，在“借或贷”栏内填“平”字，在余额栏的“元”位上填列“0”或“⊗”符号，表示账目已结平。

把有余额的账户余额结转下年正确的方法应该是：年度终了结账时，有余额账户的余额，直接记入新账余额栏内即可，不需要编制记账凭证，也不必将余额再记入本年账户的借方或贷方（收方或付方），使本年有余额的账户的余额变为零。因为，既然年末是有余额的账户，余额就应当如实地在账户中加以反映，这样更显得清晰、明了；否则，就混淆了有余额的账户和无余额的账户的区别。对于新的会计年度建账问题，一般来说，总账、日记账和多数明细账应每年更换一次。但有些财产物资明细账和债权债务明细账，由于材料品种、规格和往来单位较多，更换新账，重抄一遍工作量较大，因此，可以跨年度使用，不必每年更换一次。各种备查簿也可以连续使用。

（五）实训用品

本实训继续使用原“账簿的设置与登记实训”用品。

第四节　基本报表的编制实训

一、试算平衡表的编制实训

（一）实训目的

通过实训使学生掌握试算平衡表的编制方法。

（二）实训资料

依据本章“账簿的设置与登记实训”中的相关资料进行编制。

（三）实训要求

编制总分类账户本期发生额及余额试算平衡表。

（四）实训指导

试算平衡，一般是在会计期末，全部经济业务都已登记入账的基础上，根据以下试算平衡公式，通过编制试算平衡表来进行。

1．全部账户的借方期初余额合计数＝全部账户的贷方期初余额合计数

2．全部账户的本期借方发生额合计数＝全部账户的本期贷方发生额合计数

3．全部账户的借方期末余额合计数＝全部账户的贷方期末余额合计数

上述 3 个方面的平衡关系，可以用来检查账户记录的正确性，具体可通过编制试算平衡表来反映。试算平衡表的格式有两种：一种是分别编制“总分类账户本期发生额试算平衡表”和“总分类账户余额试算平衡表”；另一种是将本期发生额和余额合并在一张表上进行试算平衡，即编制“总分类账户本期发生额及余额试算平衡表”。本模拟实训采用第二种方式。具体格式如表 3-55 所示。

表 3-55

总分类账户本期发生额及余额试算平衡表

20××年 01 月 31 日　　单位：元

账户名称	期初余额		本期发生额		期末余额	
	借方	贷方	借方	贷方	借方	贷方
库存现金	1 500		2 000	1 000	2 500	
银行存款	29 000		81 000	50 000	60 000	
其他应收款	2 600		900		3 500	
原材料	74 900		4 100	1 950	77 050	
固定资产	67 000		53 000		120 000	
短期借款		34 000	24 000	10 000		20 000
应付账款		11 000		22 000		33 000
应交税费		9 000	950			8 050
实收资本		121 000		81 000		202 000
合　　计	175 000	175 000	165 950	165 950	263 050	263 050

试算平衡表是通过计算借贷金额是否相等来检查账户记录是否正确的，如果借贷不平衡，可以肯定账户的记录或计算有错误，应进一步查找原因，并予以纠正。如果借贷平衡，也不能肯定记账或计算就一定正确，因为有些差错并不影响借贷双方的平衡。如漏记或重记一项经济业务，或所记金额的差错恰好相互抵消等等。因此，企业在会计核算中，除了定期进行试算平衡外，还需要通过其他方法对会计记录进行检查，以保证账户记录的正确性。

试算平衡表的具体编制方法有以下几种。

1．期初余额栏。试算平衡表是按月编制，故期初余额为月初余额，应根据本章“账簿的设置与登记实训”中的总分类账户本期发生额及余额试算平衡表中的1月31日余额填列。

2．本期发生额栏。根据总分类账户本期借、贷方发生额合计数填列。

3．期末余额栏。根据总分类账户期末余额填列。

4．验证工作。

（1）试算平衡表中每一总账科目应符合以下公式：

期初余额＋本期增加额－本期减少额＝期末余额

例如：库存现金账户的期末借方余额＝期初借方余额＋本期借方发生额－本期贷方发生额

（2）最末一行“合计行”。合计行要做到 6 个数字 3 对平衡。即：

期初余额借方合计数＝期初余额贷方合计数

本期发生额借方合计数＝本期发生额贷方合计数

期末余额借方合计数＝期末余额贷方合计数

试算平衡表填制平衡后，证明总分类账记账基本正确，可以与日记账及明细分类账进行核对，若核对相符，证明总账及所属日记账、明细分类账的记账完全正确，可以据此编制会计报表。

（五）实训用品

本实训需要总分类账户本期发生额及余额试算平衡表 1 张。

二、资产负债表和利润表的编制实训

（一）实训目的

通过实训使学生初步掌握资产负债表、利润表的编制原理及方法。

（二）实训资料

依据“账簿的设置与登记实训”和“试算平衡表的编制实训”的资料进行。

（三）实训要求

编制资产负债表和利润表。

（四）实训指导

1．编制会计报表的基本要求。

（1）数字要真实。会计报表的数字必须客观、真实，能够准确地反映企业单位的财务状况与经营成果，不应以估计数代替实际数，更不能弄虚作假，伪选报表数字。为了保证报表数字真实可靠，编制会计报表必须以核对无误的账簿记录为依据。为此，在编制会计报表之前，必须做到两点。

① 按期结账。不得为赶编会计报表而提前结账，也不得先编会计报表后结账。在结账之前，必须将本期发生的全部经济业务和转账业务都登记入账。然后，在此基础上，结清各个账户的本期发生额和期末余额。

② 认真对账和财产清查。要认真核对账目，保证账证相符和账账相符。同时要清查盘点企业、单位的财产物资，并对应收、应付款项和银行存款、银行借款进行查询核对，以保证账实相符。

在会计报表编制完成之后，还应检查账簿记录与报表数字、报表与报表之间有关数字是否衔接一致，以确保会计报表数字的真实性。

（2）内容要完整。会计报表必须按照统一规定的报表种类、格式和内容进行编制。对规定编制的各种会计报表，都必须编报齐全，不得漏编、漏报。对于应当填列的报表指标，无论是表内项目，还是补充资料，都必须填列齐全。报表的表首应当清晰明了，要清楚地标明企业、单位的确切名称、报表的标题以及日期。如系合并编制的会计报表，应在标题上予以说明。

对于企业来说，编制一般用途的财务报表，应当全面地反映企业的财务状况和经营成果。某些重要资料，如果不便列入报表的主体部分，应在括号内说明，或以附注等形式加以注明。例如，可以使用几种不同的会计方法而选用了某种方法的说明，所用会计原则、方法或分类的改变及其影响的说明等。

（3）编报要及时。为了便于报表使用者及时、有效地利用会计报表资料，会计报表必须按照规定的期限和程序及时编制与报送。为此，企业、单位应当科学地组织好日常会计核算工作，认真做好记账、算账、对账和按期结账等工作。

（4）指标要一致。企业之间的报表指标，应当尽可能口径一致，以便于投资者比较不同的投资机会。同一个企业的各个会计期间，也应尽可能保持报表指标的连贯性和可比性，只有在客观情况发生变化，确有必要改变原有的原则、程序和方法时，才可以作出适当的变更。但是应当充分说明这种变化，以及变化的必要性与影响。

2．资产负债表的编制方法。

由于资产负债表是反映企业某一时期期末，即特定日期的财务状况，提供某一时点的静态指标，而这种静态资料又表现为账簿中各个账户一定时期的期末余额。因此，编制资产负债表的数字来源渠道是该报告期账簿中各个账户的期末余额。

通过本章账簿的设置与登记实训，我们已清楚认识到：每到月末，都要进行结账和试算平衡，所有总账账户余额及其发生额都已经集中到总账试算平衡表上了；所有明细账户余额及其发生额，也都已经集中到明细账试算平衡表上了。因此，这两个表便是产生资产负债表的主要依据。

一般来说，资产负债表大部分项目，可根据试算表中总账账户或明细账账户的期末余额直接填列，但也有些项目要根据总账账户或明细账账户余额分析填列。资产负债表的具体编制方法可分述如下。

（1）本表“年初数”栏的填列，应根据上年末资产负债表“期末数”栏内所列数字填列。

（2）本表各项目“期末数”的填列可分为下面两种情况。

① 根据相关科目的期末余额直接填列的项目主要有：应收票据（不包括已向银行贴现的应收票据）、应收股利、应收利息、固定资产、固定资产清理（如为贷方余额，应以“—”号填列）、递延所得税资产、短期借款、应付票据、应付职工薪酬（如为借方余额，应以“—”号填列）、应付股利、应交税费、其他应付款、预计负债、长期借款、应付债券、递延所得税负债、实收资本、资本公积、盈余公积等。

② 根据有关科目合并分析或调整后填列的项目主要有:"货币资金"项目,应根据"库存现金"、"银行存款"、"其他货币资金"科目的期末余额合计填列;"应收账款"项目,根据"应收账款"科目所属明细科目的借方余额合计加上"预收账款"科目所属明细科目的借方余额填列;"预收账款"项目,根据"预收账款"科目所属明细科目的贷方余额合计加上"应收账款"科目所属明细科目的贷方余额填列;"预付账款"项目,根据"预付账款"科目所属明细科目的借方余额合计加上"应付账款"科目所属明细科目的借方余额填列;"应付账款"项目,根据"应付账款"科目所属明细科目的贷方余额合计加上"预付账款"科目所属明细科目的贷方余额填列;"存货"项目,根据"材料采购"、"在途物资"、"原材料"、"库存商品"、"材料成本差异"、"生产成本"、"包装物及低值易耗品"等科目分析计算填列;"未分配利润"项目,根据"本年利润"科目和"利润分配"科目的余额计算填列。如未弥补亏损,在本项目内以"－"号填列。

3．利润表的编制方法。

由于利润表(或损益表)是反映企业某一时期的收入、费用及其最终财务成果的会计报表,它提供的是企业某一时期的动态指标,而这种动态资料又表现为账簿中各个损益类账户一定时期的发生额。因此,编制损益表的数字来源渠道是该报告期账簿中各个损益类账户的本期发生额。

利润表中反映的数据,分为"本月数"和"本年累计数"两栏。"本月数"栏,反映各项目的本月实际发生额,在编制年度报表时,应将"本月数"栏改成"上年累计数",填列上年全年累计实际发生数。"本年累计数"一栏,则反映各项目自年初起至本月为止的累计发生额。

一般来说,利润表中"本月数"栏各项目的数字,应根据有关损益类账户的本期发生额分析填列;"本年累计数"栏各项目的数字,应根据有关损益类账户自年初到本期为止的累计发生额分析填列,具体填列方法可分为以下几种情况。

(1)利润表"本期金额"栏,反映各项目的本月实际发生数。在编报中期财务会计报告时,填列上年同期累计实际发生数;在编报年度财务会计报告时,填列上年全年累计实际发生数。

(2)利润表"上期金额"栏,反映各项目自年初起至报告期末止的累计实际发生数。

(3)应根据各有关科目转入"本年利润"的发生额分析填列的项目有:主营业务收入、主营业务成本、营业税金及附加、销售费用、管理费用、财务费用、投资收益(如果为投资损失,以"－"号填列)、营业外收入、营业外支出、所得税费用。

(4)应根据各相关公式计算填列的项目有:营业利润、利润总额(如果为亏损总额,以"－"号填列)、净利润(如果为净亏损,以"－"号填列)、每股收益。

4．资产负债表、利润表的样表格式如表3-56、表3-57所示。

表 3-56

资产负债表

会企 01 号

编制单位：　　　　　　　　　　年　　月　　日　　　　　　　　　　单位：元

资　产	期末余额	年初余额	负债和所有者权益（或股东权益）	期末余额	年初余额
流动资产：			流动负债：		
货币资金			短期借款		
交易性金融资产			交易性金融负债		
应收票据			应付票据		
应收账款			应付账款		
预付款项			预收款项		
应收利息			应付职工薪酬		
应收股利			应交税费		
其他应收款			应付利息		
存货			应付股利		
一年内到期的非流动资产			其他应付款		
其他流动资产			一年内到期的非流动负债		
流动资产合计			其他流动负债		
非流动资产：			流动负债合计		
可供出售金融资产			非流动负债：		
持有至到期投资			长期借款		
长期应收款			应付债券		
长期股权投资			长期应付款		
投资性房地产			专项应付款		
固定资产			预计负债		
在建工程			递延所得税负债		
工程物资			其他非流动负债		
固定资产清理			非流动负债合计		
生物性生物资产			负债合计		
油气资产			所有者权益（或）股东权益		
无形资产			实收资本（或股本）		
开发支出			资本公积		
商誉			减：库存股		
长期待摊费用			盈余公积		
递延所得税资产			未分配利润		
其他非流动资产			所有者权益（或股东权益）合计		
非流动资产合计					
资产总计			负债和所有者权益（或股东权益）总计		

表 3-57

利 润 表

编制单位： 年 月 单位：元

项 目	本期金额	上期金额
一、营业收入		
减：营业成本		
营业税金及附加		
销售费用		
管理费用		
财务费用		
资产减值损失		
加：公允价值变动损益（损失以“一”号填列）		
投资收益（损失以“一”号填列）		
其中：对联营企业和合营企业的投资收益		
二、营业利润（亏损以“一”号填列）		
加：营业外收入		
减：营业外支出		
其中：非流动资产处置损失		
三、利润总额（亏损以“一”号填列）		
减：所得税费用		
四、净利润（(净亏损以“一”号填列）		
五、每股收益：		
（一）基本每股收益		
（二）稀释每股收益		

（五）实训用品

本实训需要资产负债表和利润表各 1 张。

第五节 会计资料的整理与装订实训

一、实训目的

通过实训使学生掌握会计凭证、会计账簿、会计报表等会计资料的分类、整理、装订等基本操作技能。

二、实训资料

运用本实训教程中的相关会计资料，练习记账凭证、活页账、会计报表以及其他会计资料的整理与装订。

三、实训要求

学会记账凭证及活页账等会计资料的整理与装订方法，装订要符合会计基础规范的要求。

四、实训指导

（一）会计账簿的整理与装订

1．装订前的整理阶段。

（1）“本账页数”和“本户页数”的填写。

在会计账簿装订之前，须填写“本账页数”和“本户页数”。填写之前对账簿进行整理，保留使用过的账页，去掉空白账页。将所有账页按资产类、负债类、所有者权益类、成本类、损益类的顺序排列整齐。“本账页数”是填写一本账的流水号，从第 1 页开始编起至最后一页连续编号；“本户页数”是填写本账户的页数，按每个一级账户分别填写流水号，分别从 1 号编起。如“应收账款”明细分类账，共使用了 5 页，在填写“本户页数”时，应分别填写为“5-1、5-2、5-3、5-4、5-5”，表示应收账款明细分类账共 5 页，本页是第×页。假设该明细账户位于该账簿的第 3 页，应收账款明细分类账共 5 页，如表 3-58、表 3-59 所示。

表 3-58

明细分类账（正面）

本账页数	3
本户页数	5-1

应收账款 科目 **凯达有限责任公司**

20××年		记号账凭证数	摘　要	借　方	贷　方	借或贷	余　额
月	日						
12	1		期初余额			借	128 000.00

表 3-59

明细分类账（反面）

本账页数	4
本户页数	5-1

应收账款 科目 **西安航空机械厂**

20××年		记号账凭证数	摘　　要	借　　方	贷　　方	借或贷	余　　额
月	日						
12	1		期初余额			借	135 000.00

（2）账户目录的填写（账簿启用表背面）。

账户目录是在“本账页数”、“本户页数”填写完成后，根据“本账页数”填制的，填写账户目录的目的是为了便于日后查找有关账户资料。填写时，按照资产类、负债类、所有者权益类、成本类、损益类账户的顺序填写，“科目名称”栏填写一级会计科目，“页号”栏填写该一级科目所处的位置，即账页数。

以明细分类账为例，账户目录如表 3-60 表所示。

表 3-60

账 户 目 录

科目名称	页　号	科目名称	页　号	科目名称	页　号
交易性金融资产	1				
应收账款	3—7				
其他应收款	9—12				
材料采购	13—15				
……	……				

2．会计账簿的装订

（1）账簿装订的一般说明

在会计实务中三栏式活页账、多栏式活页账、数量金额式活页账不得混装。装订时按同类业务、同类账页装订在一起。但模拟实训中由于业务量少，使用的账页少，分别装订账页太少无法装订，所以我们采用混装的方法，将所有的明细分类账，不论何种账页格式，装订为一本。

（2）账簿装订的步骤与要求

第一步，将整理好的账页排放整齐，注意页码顺序不要颠倒，将账簿启用表放在最前面。用线绳穿过账页的两个预留孔，与账簿左边成对应直角穿绕两次，扎紧扎牢，打结。绳结最好靠近账页的预留孔，记好后将绳结推入预留孔。装订后的账簿应牢固、平整，不得有折角、缺角、错页、掉页、夹空白纸的现象。

第二步，粘贴账簿封皮。会计实训所用账簿封皮是封面封底连体形式，为使账簿装订出来后美观、有立体感，在粘贴前要在封面封底连接处折出两条线，两条线之间的距离与待装订的账簿厚度一致。然后在这两条线周围涂抹胶水，粘贴在已经用线绳系紧的账簿上。这时账簿看起来要像一本书一样，整齐、牢固，有棱有角。

第三步，填写账簿封面。

① 单位名称：填写模拟企业名称。

② 账簿名称：各明细分类账。

③ 年度：模拟实训年度，用阿拉伯数字填写。

④ 账簿页数：数账簿的自然页数，用阿拉伯数字填写。

（二）会计凭证的整理与装订

1．会计凭证的整理

（1）将所有应装订的会计凭证收集齐全，并根据记账凭证的种类进行分类。会计实务中按凭证汇总日期归集，确定装订成册的本数，并按收款凭证、付款凭证、转账凭证分别装订。模拟实训中由于收款凭证和付款凭证数量较少，单独装订太薄，所以将收款凭证和付款凭证合并装订成一册，转账凭证单独装订成一册。

（2）整理记账凭证的附件，剔除不属于会计档案范围和没有必要归档的一些资料，补充遗漏的必不可少的核算资料。还要注意不能把一张几页的记账凭证拆开分在两册之中。凡超过记账凭证宽度和长度的原始凭证，都要整齐地折叠进去，折叠成同记账凭证大小一致。要特别注意装订线眼处的折叠方法，凡是需要折叠的原始凭证，在左侧装订处均须折角，以防止装订以后原始凭证无法打开查阅。

（3）摘除凭证内的的金属物，如订书针、大头针、曲别针等。

（4）检查记账凭证上有关人员的印章是否齐全。

（5）关于科目汇总表。会计实务中，将每类记账凭证按适当厚度分成若干本，每册的厚度尽量保持一致，但同时要兼顾科目汇总表的汇总范围，原则上每册记账凭证都应有个科目汇总表，要附在该册封面之后，凭证之前。模拟实训中，科目汇总表采取每10天汇总一次的方法，收、付、转凭证合并汇总，而装订时收、付、转凭证分别装订，所以装订内容与汇总内容无法一一对应。为使装订后两本记账凭证的厚度尽可能一致，会计模拟实训中将三张科目汇总表及其汇总工作底稿装订在转账凭证中，置于凭证封面后，会计凭证前。科目汇总表及其汇总工作底稿在装订前也要折叠成与记账凭证一样大小，折叠方法与原始凭证的折叠方法相同。

2．会计凭证的装订

（1）加具封面。实训用记账凭证封皮采用封面封底连体形式，装订之前，先将封皮向有字的一面对折，折叠后使封面的长度略大于记账凭证的长度，以免装订后记账凭证从封面下露出。将封面与凭证磕迭整齐，用铁夹夹紧。

（2）采用“三针引线法”装订。装订凭证要使用棉线，用装订机在左上角部位打3个针眼，进行三眼一线打结，扎紧扎牢，并将绳结推入装订线眼，粘在凭证封皮里面。这3个孔眼不能太靠近左上角的顶端，太靠上装订后难以做到牢固和平整，也不能太靠下了，太下了又容易把原始凭证的内容订进去，给查阅带来困难。装订机应打在凭证左侧中间靠上的位置，装订时尽可能缩小所占部位，使记账凭证及所附原始凭证保持尽可能大的暴露面，以便于日后查阅。

（3）粘贴。粘贴之前先将封底部分进行折叠，先在装订线以下划线，沿线向后折叠，包住装订线，然后再按凭证的厚度向后折两条线。折叠完成之后，在封皮上涂胶水、粘牢。以上程序完成后，整个凭证即成册，牢固、美观、大方，且便于查阅。

（4）认真填写会计凭证封面。封面各记事栏是事后查账和查证有关事项的最基础的索引。它的主要内容有日期、册数、凭证种类、起止号码、凭证张数、装订人员签章等。“日期”不要不填或只填月、日，要把年、月、日写全；“本月共××册、本册是××册”要写清楚（模拟实训中本月共2册，收付款凭证为第1册，转账凭证为第2册）；“凭证张数××自×号至×号”填本册凭证类别（收、付、转）共多少张及其起讫号码（收款及付款凭证因合并装订，应分两行分别注明收款凭证及付款凭证号数）；“装订人”由装订人员签章。另外，要填好卷背上的项目。卷背上一般应写上“某年某月凭证”和册数。卷背项目主要是为了便于日后查找。

（三）会计报表的整理与装订

实务中会计报表在编制完成及时报送后，留存的会计报表要按月加具封面装订成册以防丢失。基础会计模拟实训只填制资产负债表和利润表，装订时只需将两张报表用订书机订在一起即可。顺序是资产负债表（01表）在前，利润表（02表）在后。

另外实训中还有一张试算平衡表、一张银行存款余额调节表，可与会计报表折放在一起，但不需装订，以示与会计报表的区别。

（四）其他会计资料的整理

实训中还有一些其他资料，如支票的票面、垫付运费发票、增值税抵扣联等，这些凭证不是模拟企业的原始凭证，不能作为附件粘贴在模拟企业记账凭证后。支票的票面是银行的原始凭证，支票只有送达银行后方能生效。垫付运费发票应交给对方单位，并凭此发票向对方结算垫付款项。增值税抵扣联须送到税务机关，由税务机关审验盖章后退回企业，方可以抵扣销项税。抵扣联每月单独装订成册，单独保管。这些凭证在实训结束后，分类排放整齐，合并用订书机装订成一册。

五、实训用品

本实训需要装订会计凭证的封面、封底若干张、粘贴纸、线绳、针、胶水、剪刀、口取纸、钢笔、算盘、红及黑会计专用笔、个人图章等用品。

第四章　出纳业务实训单元

第一节　出纳岗位职责实训

一、实训目的

明确出纳岗位职责。

二、实训资料

（一）出纳岗位职责内容

1. 负责库存现金结算业务的有关管理和明细分类核算：按照国家有关现金管理制度的规定，办理现金收付业务；负责登记库存现金日记账，严格执行库存现金盘点制度，每日核对库存现金，做到日清月结，保证账账、账实相符；妥善保管好库存现金和有关印鉴。

2. 负责银行结算业务的有关管理和明细分类核算：按照国家有关银行结算办法的规定，办理银行结算业务；负责登记银行存款日记账，并及时与开户银行核对，做到账账、账实相符；保管好空白支票、有价证券和有关印鉴。

可见，出纳岗位职责的内容主要包括两个方面：库存现金结算和银行结算。

（二）出纳岗位职责图

出纳岗位职责如图 4-1 所示。

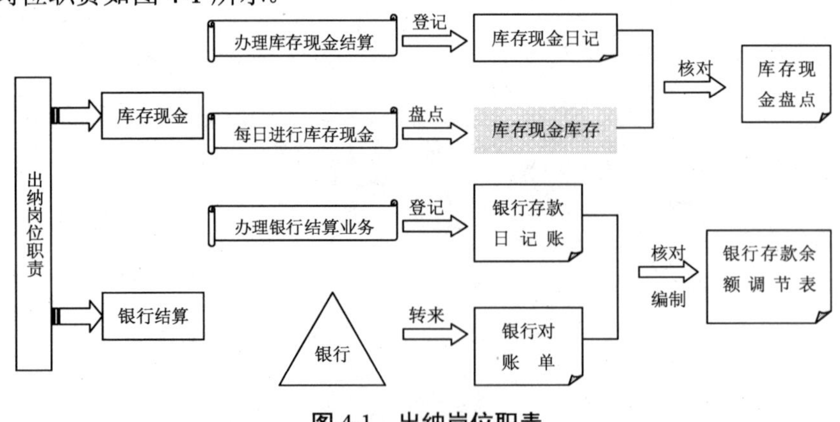

图 4-1　出纳岗位职责

（三）各种结算方式的对应账户

库存现金结算核算过程中所使用的对应账户是“库存现金”；银行结算核算所使用的对应账户是“银行存款”、“其他货币资金”、“应收票据”和“应付票据”等账户。各种结算方式的对应账户如图4-2所示。

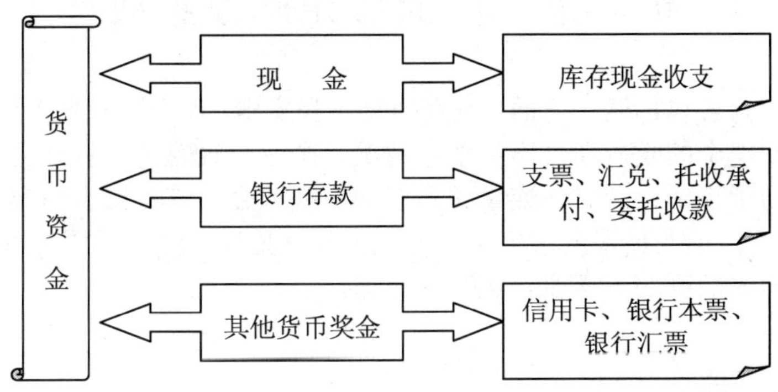

图4-2　各种结算方式的对应账户

（四）出纳岗位的核算内容

出纳岗位的核算内容如图4-3所示。

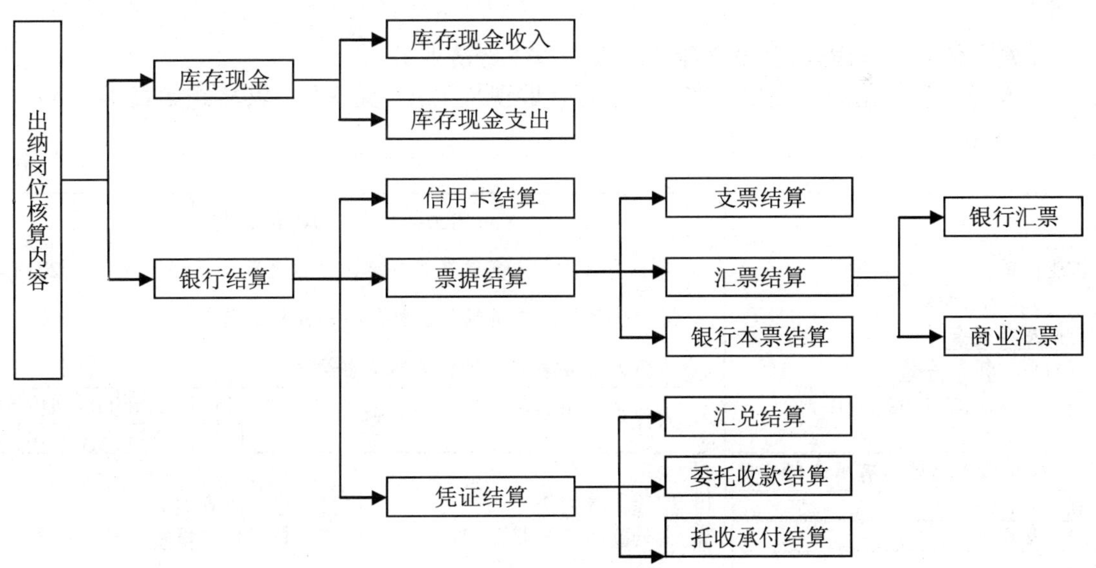

图4-3　出纳岗位的核算内容

三、实训要求

熟记职责内容，能绘制职责结构图。

第二节 现金结算业务实训

现金结算业务内容包括两个方面：现金的收入和支出，现金结算业务流程及原始凭证。为了总括反映企业现金的收入和支出和结存情况，企业应设置“库存现金”账户进行总分类核算。同时，为了正确、及时、连续和系统地反映现金收支和结存情况，企业应当设置“现金日记账”，由出纳人员根据审核无误的现金收款凭证、付款凭证及所附原始凭证、按照经济业务发生的先后顺序，逐日逐年序时登记。

一、日常收支业务实训

（一）实训目的

掌握正确填制和处理日常收支业务的方法。

（二）实训资料

安徽永信股份有限公司 2007 年 8 月发生以下经济业务。

1．8 月 1 日开出现金支票一张，从银行提取现金 1 500 元备用，其格式如表 4-1 所示。

表 4-1

中国工商银行现金支票存根	中国工商银行 **现金支票**
支票号码：692758	出票日期（大写）**贰零零柒年零捌月零壹日** X045 No 04692758
科目：**库存现金**	付款行名称：**工商银行合肥分行四排楼支行**
对方科目：**银行存款**	收款人：**安徽永信股份有限责任公司**
签发日期：2007 年 08 月 01 日	本支票付款期十天
收款人：**安徽永信股份有限责任公司**	人民币（大写）壹仟伍佰元整　千 百 十 万 千 百 十 元 角 分：¥ 1 5 0 0 0 0
金额：**¥1 500.00**	用途：**备用金**　科目（借）**库存现金**
用途：**备用金**	上列款项请从我账户内支付　对方科目（贷）**银行存款**
备注：	转账日期　年　月　日
单位主管　会计	
复　核　记账	出票人盖章　复核　记账

2．8 月 2 日出纳员韩静向银行交存销货款 5 000 元，其中 100 元面值 3 000 元，50 元面值 1 500 元，20 元面值 200 元，10 元面值 300 元。其格式如表 4-2 所示。

表 4-2

中国工商银行现金存款凭条

缴款日期　2007 年 08 月 02 日

存款人	全称	安徽永信股份有限责任公司		
	账号	25484576551	款项来源	货款
	开户行	工商银行合肥分行四排楼支行	交款人	韩静

金额人民币（大写）伍仟元整	千	百	十	万	千	百	十	元	角	分
				¥	5	0	0	0	0	0

票面	张数	十	万	千	百	十	元	票面	张数	千	百	十	元	备注
壹佰元	30		¥	3	0	0	0	伍角						
伍拾元	30		¥	1	5	0	0	贰角						
贰拾元	10			¥	2	0	0	壹角						
拾元	30			¥	3	0	0	伍分						
伍元								贰分						
贰元								壹分						
壹元								其他						

第二联　客户核对联

出纳：韩静　　收款员：韩静　　会计：张放　　复核员：　　记账员：

3．8 月 4 日供应部采购员宋涛出差借现金 1 500 元，填写借款单经领导审批后，财务人员付给现金。其格式如表 4-3 所示。

表 4-3

借 款 单

借款单位：供应部　　2007 年 08 月 04 日

借款人	宋涛	预计报销或 归还日期　月　日　天	借款用途
借支金额	人民币（大写）	壹仟伍佰元整	联系业务
	人民币（小写）	¥1 500.00	

第二联　付款凭证

借款单位负责人：许林　　科（组）长：张宇　　借款人：宋涛　　领收人：宋涛

4．8 月 6 日从银行提现 2 000 元，以备支付宣传部培训费。其格式如表 4-4 所示。

表 4-4

中国工商银行现金支票存根

支票号码：4692758

科目：**库存现金**

对方科目：**银行存款**

签发日期：2007 年 08 月 06 日

收款人：**安徽永信股份有限责任公司**
金额：**￥1000.00**
用途：**备用金**
备注：

单位主管：张宇　　　　会计：李刚

复　核：　　　　记账：

5．8 月 8 日支付王伟技术培训费 850 元，经领导审批后，从财务以现金支付。其格式如表 4-5 所示。

表 4-5

安徽永信股份有限责任公司劳务报酬表

单位：宣传部　　　　2007 年 08 月 08 日

序号	姓名	劳务种类	劳务酬金	签章	备注
1	王伟	技术培训	850.00 元	王伟	

公司领导：许林　　车间主任：周瑾　　复核：朱丽　　制表：董娜

（三）实训要求

根据所提供的实训资料，按下列要求进行会计处理。

1．分析判断经济业务是否属于会计业务范畴。

2．将属于会计主体的经济业务进行审核，填制或审核原始凭证，选择适当的记账凭证（设收、付、转三种格式的记账凭证）进行填制和审核。

（四）实训指导

1．审核原始凭证

通过审核原始凭证，掌握审核原始凭证的要求与方法，熟悉审核原始凭证的一般要求及某些特殊规定，提高判断、鉴别原始凭证真实性、合法性、合理性的水平。

要求：要全面审核原始凭证，包括审核原始凭证的真实性、合法性和合理性；操作者要熟悉各种经济业务的有关政策、法令、制度、计划、合同、银行结算办法等相关规定，全面了解本单位业务经营情况，并以此作为审核原始凭证内容的主要依据；熟悉各类原始凭证就填制的内容、填制的规定，以审核原始凭证手续是否完备、是否合规；指出审核过程中所发现的问题。

步骤：熟悉经济业务。在审核原始凭证之前，要熟悉经济业务的内容及与之有关的制度、法规、计划、预算等内容；根据有关规定，对每张原始凭证的真实性、合法性、合理性进行审核；对审核后的原始凭证进行处理。对于符合要求的原始凭证，应按规定及时办理会计手续；对于内容真实但记载不正确、不完整、不符合规定的原始凭证应退回，待更正后予以办理。

提示：单位内部生成的原始凭证审核时应注意其相关项目是否填列完整，本单位具有财务审批权的领导是否签字，经手人是否签字。

2．编制记账凭证

通过编制记账凭证，掌握根据原始凭证编制各种分录记账凭证的方法。熟悉凭证格式及每一种记账凭证的编制方法，提高操作者对经济业务的会计处理能力。

要求：操作者严格按有关规定编制记账凭证，做到内容完整、项目齐全、书写清楚；要正确选用记账凭证。操作者首先对原始凭证进行全面的审核，经审核无误的原始凭证才能据以编制记账凭证。同时，如果本单位采用专用记账凭证格式，操作者应根据引起货币资金增减变动的经济业务的原始凭证，编制有关库存现金或银行存款或专项存款或专项存款目的的收款凭证和付款凭证；根据转账业务的原始凭证，编制转账凭证；编制的记账凭证项目要齐全，手续要完备。记账凭证内容必须具备填制凭证日期、凭证编号、经济业务内容摘要、记账符号、会计科目、金额、所附原始凭证张数、填制凭证人员、稽核人员、记账人员及会计主管人员的签名或盖章。收付款的记账凭证还应由出纳人员签名或盖章；书面要符合规定。

步骤：审核实训所填制的原始凭证；根据审核无误的原始凭证编制记账凭证；根据实训要求，检查记账凭证是否符合规定。

提示：发生库存现金与银行存款之间相互划转的收付款业务时，一律要编制付款凭证。记账凭证可以根据每一张原始凭证填制，或者根据若干张同类原始凭证汇总填制，也可以根据原始凭证汇总表填制。记账凭证必须附有原始凭证。如果一张原始凭证涉及几张记账凭证，可把原始凭证附在一张主要的记账凭证后面，在其他记账凭证上注明附有原始凭证的记账凭证的编号。如果一张原始凭证所列支出需要几个单位共同负担，应将其他单位负担的部分开给对方原始凭证分割单以进行结算。结账、账项调整和更正错误的记账凭证，可以不附原始凭证。

（五）实训用品

1．实训用品资料1如表4-6所示。

表4-6

付款凭证

贷方科目： 年 月 日 字 号

<table>
<tr><td rowspan="2">摘 要</td><td colspan="3">借方科目</td><td colspan="9">金额</td><td rowspan="2">√</td></tr>
<tr><td>一级科目</td><td>二级明细科目</td><td>三级明细科目</td><td>百</td><td>十</td><td>万</td><td>千</td><td>百</td><td>十</td><td>元</td><td>角</td><td>分</td></tr>
<tr><td></td><td></td><td></td><td></td><td></td><td></td><td></td><td></td><td></td><td></td><td></td><td></td><td></td><td></td></tr>
<tr><td></td><td></td><td></td><td></td><td></td><td></td><td></td><td></td><td></td><td></td><td></td><td></td><td></td><td></td></tr>
<tr><td></td><td></td><td></td><td></td><td></td><td></td><td></td><td></td><td></td><td></td><td></td><td></td><td></td><td></td></tr>
<tr><td></td><td></td><td></td><td></td><td></td><td></td><td></td><td></td><td></td><td></td><td></td><td></td><td></td><td></td></tr>
<tr><td></td><td></td><td></td><td></td><td></td><td></td><td></td><td></td><td></td><td></td><td></td><td></td><td></td><td></td></tr>
<tr><td>合 计</td><td></td><td></td><td></td><td></td><td></td><td></td><td></td><td></td><td></td><td></td><td></td><td></td><td></td></tr>
</table>

附件 张

会计主管： 记账： 出纳： 审核： 制单：

2．实训用品资料2如表4-7所示。

表4-7

付款凭证

贷方科目: 年 月 日 字 号

<table>
<tr><td rowspan="2">摘 要</td><td colspan="3">借方科目</td><td colspan="9">金额</td><td rowspan="2">√</td></tr>
<tr><td>一级科目</td><td>二级明细科目</td><td>三级明细科目</td><td>百</td><td>十</td><td>万</td><td>千</td><td>百</td><td>十</td><td>元</td><td>角</td><td>分</td></tr>
<tr><td></td><td></td><td></td><td></td><td></td><td></td><td></td><td></td><td></td><td></td><td></td><td></td><td></td><td></td></tr>
<tr><td></td><td></td><td></td><td></td><td></td><td></td><td></td><td></td><td></td><td></td><td></td><td></td><td></td><td></td></tr>
<tr><td></td><td></td><td></td><td></td><td></td><td></td><td></td><td></td><td></td><td></td><td></td><td></td><td></td><td></td></tr>
<tr><td></td><td></td><td></td><td></td><td></td><td></td><td></td><td></td><td></td><td></td><td></td><td></td><td></td><td></td></tr>
<tr><td></td><td></td><td></td><td></td><td></td><td></td><td></td><td></td><td></td><td></td><td></td><td></td><td></td><td></td></tr>
<tr><td>合 计</td><td></td><td></td><td></td><td></td><td></td><td></td><td></td><td></td><td></td><td></td><td></td><td></td><td></td></tr>
</table>

附件 张

会计主管： 记账： 出纳： 审核： 制单：

3．实训用品资料 3 如表 4-8 所示。

表 4-8

付 款 凭 证

贷方科目：　　　　　　年　　月　　日　　　　　　字　　号

<table>
<tr><td rowspan="2">摘　要</td><td colspan="3">借方科目</td><td colspan="9">金额</td><td rowspan="2">√</td><td rowspan="7">附
件

张</td></tr>
<tr><td>一级科目</td><td>二级明细科目</td><td>三级明细科目</td><td>百</td><td>十</td><td>万</td><td>千</td><td>百</td><td>十</td><td>元</td><td>角</td><td>分</td></tr>
<tr><td></td><td></td><td></td><td></td><td></td><td></td><td></td><td></td><td></td><td></td><td></td><td></td><td></td><td></td></tr>
<tr><td></td><td></td><td></td><td></td><td></td><td></td><td></td><td></td><td></td><td></td><td></td><td></td><td></td><td></td></tr>
<tr><td></td><td></td><td></td><td></td><td></td><td></td><td></td><td></td><td></td><td></td><td></td><td></td><td></td><td></td></tr>
<tr><td></td><td></td><td></td><td></td><td></td><td></td><td></td><td></td><td></td><td></td><td></td><td></td><td></td><td></td></tr>
<tr><td></td><td></td><td></td><td></td><td></td><td></td><td></td><td></td><td></td><td></td><td></td><td></td><td></td><td></td></tr>
<tr><td>合　计</td><td></td><td></td><td></td><td></td><td></td><td></td><td></td><td></td><td></td><td></td><td></td><td></td><td></td></tr>
</table>

会计主管：　　　　记账：　　　　出纳：　　　　审核：　　　　制单：

4．实训用品资料 4 如表 4-9 所示。

表 4-9

付 款 凭 证

贷方科目：　　　　　　年　　月　　日　　　　　　字　　号

<table>
<tr><td rowspan="2">摘　要</td><td colspan="3">借方科目</td><td colspan="9">金额</td><td rowspan="2">√</td><td rowspan="7">附
件

张</td></tr>
<tr><td>一级科目</td><td>二级明细科目</td><td>三级明细科目</td><td>百</td><td>十</td><td>万</td><td>千</td><td>百</td><td>十</td><td>元</td><td>角</td><td>分</td></tr>
<tr><td></td><td></td><td></td><td></td><td></td><td></td><td></td><td></td><td></td><td></td><td></td><td></td><td></td><td></td></tr>
<tr><td></td><td></td><td></td><td></td><td></td><td></td><td></td><td></td><td></td><td></td><td></td><td></td><td></td><td></td></tr>
<tr><td></td><td></td><td></td><td></td><td></td><td></td><td></td><td></td><td></td><td></td><td></td><td></td><td></td><td></td></tr>
<tr><td></td><td></td><td></td><td></td><td></td><td></td><td></td><td></td><td></td><td></td><td></td><td></td><td></td><td></td></tr>
<tr><td></td><td></td><td></td><td></td><td></td><td></td><td></td><td></td><td></td><td></td><td></td><td></td><td></td><td></td></tr>
<tr><td>合　计</td><td></td><td></td><td></td><td></td><td></td><td></td><td></td><td></td><td></td><td></td><td></td><td></td><td></td></tr>
</table>

会计主管：　　　　记账：　　　　出纳：　　　　审核：　　　　制单：

5．实训用品资料 5 如表 4-10 所示。

表 4-10

付 款 凭 证

贷方科目： 年 月 日 字 号

摘 要	借方科目			金额									√
	一级科目	二级明细科目	三级明细科目	百	十	万	千	百	十	元	角	分	
合 计													

附件 张

会计主管： 记账： 出纳： 审核： 制单：

二、登记现金日记账实训

（一）实训目的

掌握登记现金日记账的正确方法。

（二）实训资料

安徽永信股份有限公司 7 月底库存现金期末余额 15 000 元，8 月现金日常收支业务参见日常收支业务实训资料经济业务编制的会计凭证。

（三）实训要求

根据日常收支业务实训中所编制的会计凭证登记现金日记账。

（四）实训指导

企业应当设置“现金日记账”，由出纳人员根据收付款凭证，按照业务发生顺序逐日逐笔登记。采用订本式账簿。

（五）实训用品

实训用品资料 6 如表 4-11 所示。

表 4-11

现金日记账

年　月　日

2007年		凭证		摘要	对方科目	√	借方										贷方										借或贷	余额									
月	日	种类	号数				千	百	十	万	千	百	十	元	角	分	千	百	十	万	千	百	十	元	角	分		千	百	十	万	千	百	十	元	角	分

三、库存现金盘点实训

（一）实训目的

熟练掌握库存现金盘点及其核算法。

（二）实训资料

安徽永信股份有限公司出纳 2007 年 8 月 18 日下班前进行库存现金盘点，有关资料如下：库存现金日记账面余额 1 800 元，实有金额 1 850 元，盘盈 50 元，无法查明原因，单位负责人刘荣 8 月 2 日指示转入“营业外收入”账户。

（三）实训要求

编制库存现金清查盘点报告表及会计凭证。

（四）实训指导

每日终了，出纳应计算当日的库存现金收入合计数，库存现金支出合计数和结余数，并将结余数与清点后的实际库存数核对。清查后，出纳还应编制“库存现金清查盘点报告表，如有盘盈（库存现金长款）或盘亏（库存现金短款），则记入“待处理财产损溢”账户，待有关人员批准后再作处理。

（五）实训用品

1．实训用品资料 7 如表 4-12 所示。

表 4-12

库存现金清查盘点报告表

账面余额	实有金额	清查结果		问题简要说明
		盘　　盈	盘　　亏	
1 800 元	1 850 元	50 元		无法查明原因
单位负责人处理意见：转入“营业外收入”账户。				

2．实训用品资料 8 如表 4-13 所示。

表 4-13

转 账 凭 证

年　　月　　日　　　　　　　　　　字　　号

摘　　要	会计科目	明细科目	借方金额									贷方金额									√
			百	十	万	千	百	十	元	角	分	百	十	万	千	百	十	元	角	分	
合　　计																					

附件　　张

会计主管：　　　　记账：　　　　审核：　　　　制单：

3．实训用品资料 9 如表 4-14 所示。

表 4-14

收 款 凭 证

借方科目：　　　　　　　　　　　　年　　月　　日　　　　　　　　　　字　　号

摘　要	贷方科目			金额									√
	一级科目	二级明细科目	三级明细科目	百	十	万	千	百	十	元	角	分	
合　计													

附件　　张

会计主管：　　　　记账：　　　　出纳：　　　　审核：　　　　制单：

第三节　银行结算业务实训

一、银行结算业务实训

（一）实训目的

掌握各种结算业务的基本处理方法。

（二）实训资料

安徽永信股份有限公司 2007 年 8 月发生以下经济业务。

1．8 月 8 日从本市天宇化工厂物资供销处购得聚丙烯 10 吨，单价 3 000 元，金额 30 000 元，增值税 5 100 元，开出转账支票付款，收到发票一张。其格式如表 4-15、表 4-16 所示。

2．8 月 9 日收到天宇化工厂购货款 11 7000 元，其格式如表 4-17 所示。

3．8 月 9 日开出银行汇票 57 300 元，拟购安徽海螺水泥厂水泥，其格式如表 4-18、表 4-19 所示。

4．8 月 12 日收到安徽海螺水泥厂水泥 10 吨，已验收入库，并收到增值税专用发票一张，其格式如表 4-20 所示。

5．8 月 15 日收到银行通知购安徽海螺水泥厂水泥多余退款通知发票一张，其格式如表 4-21 所示。

6. 8 月 12 日安徽海螺水泥厂购电动机 30 台，开出增值税发票及银行承兑汇票各一张，其格式见表 4-22、表 4-23 所示。

表 4-15

安徽省增值税专用发票

3400962157 发 票 联

开票日期： 2007 年 08 月 08 日 No 002565841

购货单位	名 称：安徽永信股份有限责任公司 纳税人识别号：34040657711283 地 址、电 话：合肥市四排楼 6547854 开户行及账号：工商银行合肥分行四排楼支行 25484576551				密码区	（略）		
货物或应税劳务名称	规格型号	单位	数量	单价	金额	税率（%）	税额	
聚丙烯		吨	10	3 000.00	30 000.00	17	5 100.00	
合 计					30 000.00		5 100.00	
价税合计（大写）	叁万伍仟壹佰元整				（小写）￥35 100.00			
销货单位	名 称：安徽天宇化工厂 纳税人识别号：36578954942158 地 址、电 话：洞山 6654210 开户行及账号：交通银行洞山支行 326558445				备注：			

第二联 发票联 购货方记账凭证

收款人： 复核： 开票人： 销货单位：（章）

表 4-16

中国工商银行转账支票存根

支票号码：4692758

科目：**库存现金**

对方科目：**材料采购**

签发日期：2007 年 08 月 08 日

收款人：**安徽天宇化工厂**
金额：**￥3 5100.00**
用途：**购材料**
备注：

单位主管： 会计：

复 核： 记账：

表 4-17

中国工商银行 进账单（回单）　1

2007 年 08 月 09 日　　第　号

<table>
<tr><td rowspan="3">收款人</td><td>全　称</td><td>安徽永信股份有限责任公司</td><td rowspan="3">付款人</td><td>全　称</td><td colspan="10">安徽天宇化工厂</td></tr>
<tr><td>账号</td><td>25484576551</td><td>账号或地址</td><td colspan="10">326558445</td></tr>
<tr><td>开户银行</td><td>工商银行合肥分行四排楼支行</td><td>开户银行</td><td colspan="10">交通银行洞山支行</td></tr>
<tr><td colspan="5" rowspan="2">人民币（大写）壹拾壹万柒仟元整</td><td>千</td><td>百</td><td>十</td><td>万</td><td>千</td><td>百</td><td>十</td><td>元</td><td>角</td><td>分</td></tr>
<tr><td></td><td>¥</td><td>1</td><td>1</td><td>7</td><td>0</td><td>0</td><td>0</td><td>0</td><td>0</td></tr>
<tr><td colspan="2">票据种类</td><td colspan="3">转账支票</td><td colspan="10" rowspan="3">收款人开户银行盖章</td></tr>
<tr><td colspan="2">票据张数</td><td colspan="3">1</td></tr>
<tr><td colspan="5">单位主管：　会计：　复核：　记账：</td></tr>
</table>

此联是银行交给收款人的回单

表 4-18

中国工商银行 省分行银行汇票申请书（存根）　1

申请日期：　2007 年 08 月 09 日　　第 1 号

<table>
<tr><td>申请人</td><td>安徽永信股份有限责任公司</td><td>收款人</td><td colspan="10">安徽海螺水泥厂</td></tr>
<tr><td>账号或住址</td><td>25484576551</td><td>账号或住址</td><td colspan="10">68944151</td></tr>
<tr><td>用　途</td><td>购货</td><td>代理付款行</td><td colspan="10"></td></tr>
<tr><td rowspan="2">汇票金额</td><td colspan="2" rowspan="2">人民币（大写）伍万柒仟叁佰元整</td><td>千</td><td>百</td><td>十</td><td>万</td><td>千</td><td>百</td><td>十</td><td>元</td><td>角</td><td>分</td></tr>
<tr><td></td><td></td><td>¥</td><td>5</td><td>7</td><td>3</td><td>0</td><td>0</td><td>0</td><td>0</td></tr>
<tr><td colspan="2">备注：</td><td colspan="11">科　目：
对方科目：
财务主管：　复核：　经办：</td></tr>
</table>

此联申请人留存

表 4-19

中 国 工 商 银 行

银 行 汇 票 2

付款期限
壹个月

AB35974
第 号

<table>
<tr><td colspan="2">出票日期（大写）贰零零柒年零捌月壹拾叁日</td><td colspan="10">代理付款行： 行号：</td></tr>
<tr><td colspan="2">收款人：安徽海螺水泥厂</td><td colspan="10">账号：68944151</td></tr>
<tr><td colspan="12">出票金额人民币（大写）伍万柒仟叁佰元整</td></tr>
<tr><td colspan="2" rowspan="2">实际结算金额人民币（大写）</td><td>千</td><td>百</td><td>十</td><td>万</td><td>千</td><td>百</td><td>十</td><td>元</td><td>角</td><td>分</td></tr>
<tr><td></td><td></td><td>￥</td><td>5</td><td>7</td><td>3</td><td>0</td><td>0</td><td>0</td><td>0</td></tr>
</table>

申请人：安徽永信股份有限责任公司　　账号或住址：2548457655

出票行：工商银行合肥分行四排楼支行

行 号：6547

备 注：

凭票付款

出票行盖章

<table>
<tr><td colspan="10">多余金额</td><td rowspan="3">科目（借）
对方科目（贷）
兑付日期 年 月 日

复核： 记账：</td></tr>
<tr><td>千</td><td>百</td><td>十</td><td>万</td><td>千</td><td>百</td><td>十</td><td>元</td><td>角</td><td>分</td></tr>
<tr><td></td><td></td><td></td><td></td><td></td><td></td><td></td><td></td><td></td><td></td></tr>
</table>

此联代理付款行付款后作联行往来借方凭证附件

表 4-20

安徽省增值税专用发票

3400685472 税款抵扣联

开票日期： 2007 年 08 月 07 日 No 001578654

<table>
<tr><td>购货单位</td><td colspan="3">名　　称：安徽永信股份有限责任公司
纳税人识别号：34040657711283
地 址、电 话：合肥市四排楼 6547854
开户行及账号：工商银行合肥分行四排楼支行 25484576551</td><td>密码区</td><td colspan="4">（略）</td></tr>
<tr><td colspan="2">货物或应税劳务名称</td><td>规格型号</td><td>单位</td><td>数量</td><td>单价</td><td>金额</td><td>税率（%）</td><td>税额</td></tr>
<tr><td colspan="2">水泥</td><td>425</td><td>吨</td><td>120</td><td>360.00</td><td>43 200.00</td><td>17</td><td>7 344</td></tr>
<tr><td colspan="2"></td><td></td><td></td><td></td><td></td><td></td><td></td><td></td></tr>
<tr><td colspan="2">合　计</td><td></td><td></td><td></td><td></td><td>43 200.00</td><td></td><td>7 344</td></tr>
<tr><td colspan="2">价税合计（大写）</td><td colspan="5">伍万零伍佰肆拾肆元整</td><td colspan="2">（小写）￥50544</td></tr>
<tr><td>销货单位</td><td colspan="3">名　　称：安徽海螺水泥厂
纳税人识别号：68945781254810
地 址、电 话：芜湖中山路 2154863
开户行及账号：芜湖工行中山路支行 68944151</td><td>备注</td><td colspan="4"></td></tr>
</table>

第四联 记账联 销货方记账凭证

收款人： 复核： 开票人： 销货单位：（章）

表 4-21

中国工商银行

银行汇票　（多余金额/收账通知）4

付款期限 壹个月		AB35974 第　号
出票日期（大写）贰零零柒年零肆月壹拾日	代理付款行：	行号：
收款人：		账号：
出票金额人民币（大写）伍万柒仟叁佰元整		

实际结算日期人民币（大写）伍万零伍佰肆拾肆元整	千	百	十	万	千	百	十	元	角	分
			¥	5	0	5	4	4	0	0

申请人：安徽永信股份有限责任公司　　账号或住址：25484576551

出票行：工商银行合肥分行四排楼支行 行　号：6547 备　注： 出票行盖章：	多余金额										科目（借）银行存款 对方科目（贷）其他货币资金 兑付日期　2007 年 08 月 15 日 复核：　　记账：
	千	百	十	万	千	百	十	元	角	分	
				¥	6	7	5	6	0	0	

此联出票行结清多余款后交申请人

表 4-22

安徽省增值税专用发票

3400685472　　税款抵扣联

开票日期：　2007 年 08 月 24 日　　No 001578654

购货单位	名　　称：安徽海螺水泥厂 纳税人识别号：68945781254810 地 址、电 话：芜湖中山路　2154863 开户行及账号：芜湖工行中山路支行　68944151	密码区	（略）

货物或应税劳务名称	规格型号	单位	数量	单价	金额	税率（%）	税额
电动机	425	台	30	3600.00	108 000.00	17	18 360.00
合　计					108 000.00		18 360.00
价税合计（大写）	壹拾贰万陆仟叁佰陆拾元整					（小写）¥126 360	

销货单位	名　　称：安徽永信股份有限责任公司 纳税人识别号：34040657711283 地 址、电 话：合肥市四排楼　6547854 开户行及账号：工商银行合肥分行四排楼支行 25484576551	备注	

收款人：　　复核：　　开票人：　　销货单位：（章）

第四联　记账联　销货方记账凭证

表 4-23

银行承兑汇票 2

签发日期（大写）贰零零柒年零捌月贰拾肆日 第 IC0356 号

出票人全称	安徽海螺水泥厂	收款人	全称	安徽永信股份有限责任公司
出票人账号	68944151		账号	25484576551
付款行全称	芜湖工行中山路支行		开户行	工商银行合肥分行四排楼支行
汇票金额	人民币（大写）壹拾贰万陆仟叁佰陆拾元整		千 百 十 万 千 百 十 元 角 分	¥ 1 2 6 3 6 0 0 0
汇票到期日	贰零零柒年壹拾壹月零壹日	本汇票已经承兑，到期日由本行付款	承兑协议编号	048
本汇票请你行承兑，到期无条件付款 出票人签章 2007 年 08 月 07 日		承兑行签章 承兑日期 2007 年 08 月 11 日	科目（借） 对方科目（贷） 转账 年 月 日 复核 记账	

此联收款人开户行随委托收款凭证寄出付款凭证寄付款行作借方凭证附件

7．8 月 28 日收到安徽海螺水泥厂委托购款结算方式的收款通知，其格式如表 4-24 所示。

表 4-24

委托收款 凭证（收账通知） 4

委托号码：××××××

委邮　　委托日期 2007 年 06 月 30 日　　付款期限 2007 年 08 月 30 日

付款人	全　称	安徽海螺水泥厂	收款人	全　称	安徽永信股份有限责任公司		
	账号或地址	68944151		账　号	25484576551		
	开户银行	芜湖工行中山路支行		开户银行	工商银行合肥分行四排楼支行	行号	6547
委收金额	人民币（大写）壹拾贰万陆仟叁佰陆拾元整			千 百 十 万 千 百 十 元 角 分	¥ 1 2 6 3 6 0 0 0		
款项内容	货款	委托收款凭据名称		银行承兑汇票	附寄单证张数	1	
备注：	上列款项 1．已全部划回收入你方账户。（√） 2．已收回部分款项收入你方账户。 3．全部未收到。				收款人开户行盖章 2007 年 08 月 28 日		

此联是收款人开户银行在款项收妥后给收款人的收账通知

记账：　单位主管：　会计：　复核：　付款人开户银行收到日期：2007 年 11 月 01 日

支付日期：2007 年 10 月 29 日

8．8 月 20 日开出银行信汇单支付欠安徽天宇化工厂货款 13600 元，其格式如表 4-25 所示。

表 4-25

中国工商银行 信汇凭证（回　单）　1

委托日期：　2007 年 08 月 20 日　第 0258485 号

<table>
<tr><td rowspan="3">汇款人</td><td>全称</td><td colspan="3">安徽永信股份有限责任公司</td><td rowspan="3">收款人</td><td>全称</td><td colspan="3">安徽天宇化工厂</td></tr>
<tr><td>账号或地址</td><td colspan="3">25484576551</td><td>账号或地址</td><td colspan="3">326558445</td></tr>
<tr><td>汇出地址</td><td>合肥市</td><td>汇出行名称</td><td>工行四排楼支行</td><td>汇入地点</td><td>淮南市</td><td>汇入行名称</td><td>交通银行洞山支行</td></tr>
<tr><td>金额</td><td colspan="7">人民币（大写）壹万叁仟陆佰元整</td><td colspan="2">千 百 十 万 千 百 十 元 角 分
¥ 1 3 6 0 0 0 0</td></tr>
<tr><td colspan="8">汇款用途：货款</td><td colspan="2" rowspan="3">汇款行盖章

年　月　日</td></tr>
<tr><td colspan="8">上列款项已根据委托办理，如需查询，请持此回单来行面洽。</td></tr>
<tr><td colspan="8">单位主管：　会计：　复核：　记账：</td></tr>
</table>

9．8 月 22 日收到银行转安徽海螺水泥厂购货信用凭证收账通知，其格式如表 4-26 所示。

表 4-26

中国工商银行 信汇 凭证（收账通知）　4

委托日期：　2007 年 08 月 22 日　第 0265945 号

<table>
<tr><td rowspan="3">汇款人</td><td>全称</td><td colspan="3">安徽海螺水泥厂</td><td rowspan="3">收款人</td><td>全称</td><td colspan="3">安徽永信股份有限责任公司</td></tr>
<tr><td>账号或地址</td><td colspan="3">68944151</td><td>账号或地址</td><td colspan="3">25484576551</td></tr>
<tr><td>汇出地址</td><td>芜湖市</td><td>汇出行名称</td><td>芜湖工行中山路支行</td><td>汇入地点</td><td>合肥市</td><td>汇入行名称</td><td>工行四排楼支行</td></tr>
<tr><td>金额</td><td colspan="7">人民币（大写）叁万肆仟伍佰陆拾玖元整</td><td colspan="2">千 百 十 万 千 百 十 元 角 分
¥ 3 4 5 6 9 0 0</td></tr>
<tr><td colspan="6">汇款用途：货款</td><td colspan="4" rowspan="3">汇款行盖章

年　月　日</td></tr>
<tr><td colspan="6">上列款项已根据委托办理，特此通知。</td></tr>
<tr><td colspan="6">单位主管：　会计：　复核：　记账：</td></tr>
</table>

10．8 月 18 日收到安徽天宇化工厂购货委托收款回单，并开出增值税发票，其格式如表 4-27、表 4-28 所示。

表 4-27

委托收款 凭证（回单） 1

委邮 委托日期 2007 年 08 月 18 日 委托号码：3015784

<table>
<tr><td rowspan="3">付款人</td><td>全 称</td><td>安徽天宇化工厂</td><td rowspan="3">收款人</td><td>全 称</td><td colspan="3">安徽永信股份有限责任公司</td></tr>
<tr><td>账号或地址</td><td>326558445</td><td>账 号</td><td colspan="3">25484576551</td></tr>
<tr><td>开户银行</td><td>交通银行洞山支行</td><td>开户银行</td><td>工行四排楼支行</td><td>行号</td><td>3647</td></tr>
<tr><td>委收金额</td><td colspan="4">人民币（大写）贰万玖仟零壹拾陆元整</td><td colspan="3">千 百 十 万 千 百 十 元 角 分
¥ 2 9 0 1 6 0 0</td></tr>
<tr><td>款项内容</td><td>货款</td><td>委托收款凭据名称</td><td>实物收据</td><td>附寄单证张数</td><td colspan="3">1</td></tr>
<tr><td colspan="3">备注：</td><td colspan="5">收款人开户银行盖章
2007 年 08 月 18 日</td></tr>
</table>

此联是收款人开户银行给收款人的回单

表 4-28

安徽省增值税专用发票

3400326525 税款抵扣联

开票日期： 2007 年 08 月 18 日 №006548751

<table>
<tr><td rowspan="1">购货单位</td><td colspan="4">名 称：安徽永信股份有限责任公司
纳税人识别号：34040657711283
地 址、电 话：合肥市四排楼 6547854
开户行及账号：工商银行合肥分行四排楼支行 25484576551</td><td>密码区</td><td colspan="3">（略）</td></tr>
<tr><td>货物或应税劳务名称</td><td>规格型号</td><td>单位</td><td>数量</td><td>单价</td><td>金额</td><td>税率（%）</td><td>税额</td></tr>
<tr><td>HDPE</td><td>5000S</td><td>吨</td><td>2</td><td>12 400.00</td><td>24 800.00</td><td>17</td><td>4 216.00</td></tr>
<tr><td></td><td></td><td></td><td></td><td></td><td></td><td></td><td></td></tr>
<tr><td>合 计</td><td></td><td></td><td></td><td></td><td>24800</td><td></td><td>4216.00</td></tr>
<tr><td>价税合计（大写）</td><td colspan="7">贰万玖仟零壹拾陆元整 （小写）¥29 016</td></tr>
<tr><td>销货单位</td><td colspan="4">名 称：安徽天宇化工厂
纳税人识别号：36578954942158
地 址、电 话：芜湖中山路 2154863
开户行及账号：交通银行洞山支行 326558445</td><td>备注：</td><td colspan="2"></td></tr>
</table>

第四联 记账联 销货方记账凭证

收款人： 复核： 开票人： 销货单位：（章）

11．8 月 14 日收到银行委托收款通知，其格式如表 4-29 所示。

表 4-29

委托收款 凭证（收账通知）　4

委托号码：3015784

委邮　　委托日期 2007 年 08 月 18 日　　付款期限 2007 年 08 月 26 日

付款人	全　称	安徽天宇化工厂	收款人	全　称	安徽永信股份有限责任公司		
	账号或地址	326558445		账　号	25484576551		
	开户银行	交通银行洞山支行		开户银行	工商银行合肥分行四排楼支行	行号	3647
委收金额	人民币（大写）贰万玖仟零壹拾陆元整						
款项内容	货款	委托收款凭据名称	实物收据	附寄单证张数	1		
备注：	上列款项 1．已全部划回收入你方账户。 2．已收回部分款项收入你方账户。 3．全部未收到。 收款人开户行盖章 2007 年 08 月 25 日						

千	百	十	万	千	百	十	元	角	分
		¥	2	9	0	1	6	0	0

此联是收款人开户银行在款项收妥后给收款人的收账通知

单位主管：　会计：　复核：　记账：　付款人开户银行收到日期：2007 年 08 月 24 日

支付日期：2007 年 08 月 25 日

12．8 月 23 日收到应付安徽天宇化工厂货款付款通知，其格式如表 4-30 所示。

表 4-30

委托收款 凭证（付款通知）　5

委托号码：3015784

委邮　　委托日期 2007 年 08 月 22 日　　付款期限 2007 年 08 月 26 日

付款人	全　称	安徽永信股份有限责任公司	收款人	全　称	安徽天宇化工厂		
	账号或地址	25484576551		账　号	326558445		
	开户银行	工商银行合肥分行四排楼支行		开户银行	交通银行洞山支行	行号	
委收金额	人民币（大写）肆万玖仟元整						
款项内容	货款	委托收款凭据名称	实物收据	附寄单证张数	1		
备注：	付款人注意： 1．根据结算办法，上列委托收款，如在付款期限内未拒付时，即视同全部同意付款，以此联代付款通知。 2．如需提前付款或多付款时，应号写书面通知送银行办理。						

千	百	十	万	千	百	十	元	角	分
		¥	4	9	0	0	0	0	0

此联是付款人开户银行给付款人按期付款的通知

单位主管：　会计：　复核：　记账：　付款人开户银行（盖章）：2007 年 08 月 24 日

13．8 月 24 日以托收承付结算方式向安徽天宇化工厂售聚氯乙烯树脂 40 吨，价税 234 000 元，其格式如表 4-31、表 4-32 所示。

表 4-31

托收承付 凭证（回单） 1

托收号码：3015784

邮 委托日期 2007 年 08 月 24 日 第 32 号

<table>
<tr><td rowspan="3">付款人</td><td>全　称</td><td>安徽天宇化工厂</td><td rowspan="3">收款人</td><td>全　称</td><td colspan="12">安徽永信股份有限责任公司</td></tr>
<tr><td>账号或地址</td><td>326558445</td><td>账　号</td><td colspan="12">25484576551</td></tr>
<tr><td>开户银行</td><td>交通银行洞山支行</td><td>开户银行</td><td>工商银行合肥分行四排楼支行</td><td>行号</td><td colspan="10">3647</td></tr>
<tr><td rowspan="2">托收金额</td><td colspan="4" rowspan="2">人民币（大写）贰拾叁万肆仟元整</td><td colspan="2"></td><td>千</td><td>百</td><td>十</td><td>万</td><td>千</td><td>百</td><td>十</td><td>元</td><td>角</td><td>分</td></tr>
<tr><td colspan="2"></td><td></td><td>¥</td><td>2</td><td>3</td><td>4</td><td>0</td><td>0</td><td>0</td><td>0</td><td>0</td></tr>
<tr><td>附寄单证</td><td>3</td><td>商品发运情况</td><td>已发运</td><td>合同名称号码</td><td colspan="12">AH-006</td></tr>
<tr><td colspan="2">备注：
验单付款</td><td colspan="2">款项收妥日期
20　年　月　日</td><td colspan="13">收款人开户行盖章　2007 年 08 月 24 日</td></tr>
</table>

此联是收款人开户银行给收款人的回单

单位主管：　　会计：　　复核：　　记账：

表 4-32

安徽省增值税专用发票

3400652145 税款抵扣联

开票日期： 2007 年 08 月 24 日 No 248567824

<table>
<tr><td>购货单位</td><td colspan="3">名　　称：安徽永信股份有限责任公司
纳税人识别号：34040657711283
地 址、电 话：合肥市四排楼　6547854
开户行及账号：工商银行合肥分行四排楼支行 25484576551</td><td>密码区</td><td colspan="4">（略）</td></tr>
<tr><td colspan="2">货物或应税劳务名称</td><td>规格型号</td><td>单位</td><td>数量</td><td>单价</td><td>金额</td><td>税率（%）</td><td>税　额</td></tr>
<tr><td colspan="2">聚氯乙烯树脂</td><td>Π-1000</td><td>吨</td><td>40</td><td>5000.00</td><td>200 000.00</td><td>17</td><td>34 000.00</td></tr>
<tr><td colspan="2"></td><td></td><td></td><td></td><td></td><td></td><td></td><td></td></tr>
<tr><td colspan="2">合　计</td><td></td><td></td><td></td><td></td><td>200 000.00</td><td></td><td>34 000.00</td></tr>
<tr><td colspan="2">价税合计（大写）</td><td colspan="7">贰拾叁万肆仟元整　　（小写）¥234 000</td></tr>
<tr><td>销货单位</td><td colspan="3">名　　称：安徽天宇化工厂
纳税人识别号：36578954942158
地 址、电 话：芜湖中山路　2154863
开户行及账号：交通银行洞山支行 326558445</td><td>备注：</td><td colspan="4"></td></tr>
</table>

第四联 记账联 销货方记账凭证

收款人：　　复核：　　开票人：　　销货单位：（章）

14．8 月 27 日收到安徽天宇化工厂委托承付凭证收款通知，其格式如表 4-33 所示。

表 4-33

托收承付 凭证（收账通知） 4

托收号码：3015784

邮　　委托日期 2007 年 08 月 24 日　　第 32 号

<table>
<tr><td rowspan="3">付款人</td><td>全　　称</td><td>安徽天宇化工厂</td><td rowspan="3">收款人</td><td>全　　称</td><td colspan="3">安徽永信股份有限责任公司</td></tr>
<tr><td>账号或地址</td><td>326558445</td><td>账　　号</td><td colspan="3">25484576551</td></tr>
<tr><td>开户银行</td><td>交通银行洞山支行</td><td>开户银行</td><td>工商银行合肥分行四排楼支行</td><td>行号</td><td>3647</td></tr>
<tr><td>委收金额</td><td colspan="4">人民币（大写）贰拾叁万肆仟元整</td><td colspan="3">千 百 十 万 千 百 十 元 角 分
¥ 2 3 4 0 0 0 0 0</td></tr>
<tr><td>附寄单证</td><td>3</td><td>商品发运情况</td><td>已发运</td><td>合同名称号码</td><td colspan="3">AH-006</td></tr>
<tr><td colspan="2">备注：
验单付款</td><td colspan="2">款项收妥日期
2007 年 08 月 28 日</td><td colspan="4">收款人开户行盖章 2007 年 08 月 27 日</td></tr>
</table>

此联是银行给收款人的入账通知

单位主管：　　会计：　　复核：　　记账：

15．8 月 24 日采用托收承付结算方式购安徽天宇化工厂的 BD-1 产品增值税发票及回单，其格式如表 4-34，4-35 所示。

表 4-34

安徽省增值税专用发票

3400652145　　税款抵扣联

开票日期：　　2007 年 08 月 24 日　　No 248567824

<table>
<tr><td>购货单位</td><td colspan="4">名　　称：安徽永信股份有限责任公司
纳税人识别号：34040657711283
地 址、电 话：合肥市四排楼　6547854
开户行及账号：工商银行合肥分行四排楼支行 25484576551</td><td>密码区</td><td colspan="3">（略）</td></tr>
<tr><td>货物或应税劳务名称</td><td>规格型号</td><td>单位</td><td>数量</td><td>单价</td><td>金额</td><td>税率（%）</td><td>税额</td></tr>
<tr><td>BD-1</td><td>П-1000</td><td>吨</td><td>20</td><td>5 000.00</td><td>100 000.00</td><td>17</td><td>17 000.00</td></tr>
<tr><td></td><td></td><td></td><td></td><td></td><td></td><td></td><td></td></tr>
<tr><td>合　计</td><td></td><td></td><td></td><td></td><td>100 000.00</td><td></td><td>17 000.00</td></tr>
<tr><td>价税合计（大写）</td><td colspan="5">壹拾壹万柒仟元整</td><td colspan="2">（小写）¥117 000</td></tr>
<tr><td>销货单位</td><td colspan="4">名　　称：安徽天宇化工厂
纳税人识别号：36578954942158
地 址、电 话：芜湖中山路　2154863
开户行及账号：交通银行洞山支行 326558445</td><td>备注</td><td colspan="2"></td></tr>
</table>

第二联 发票联 购货方记账凭证

收款人：　　复核：　　开票人：　　销货单位：（章）

表 4-35

托收承付 凭证（承付支款通知） 5

托收号码：3015784

第 32 号

邮 委托日期 2007 年 08 月 24 日 承付期限 2007 年 08 月 28 日

<table>
<tr><td rowspan="3">付款人</td><td>全　称</td><td>安徽永信股份有限责任公司</td><td rowspan="3">收款人</td><td>全　称</td><td colspan="12">安徽天宇化工厂</td></tr>
<tr><td>账号或地址</td><td>25484576551</td><td>账　号</td><td colspan="12">326558445</td></tr>
<tr><td>开户银行</td><td>工商银行合肥分行四排楼支行 2</td><td>开户银行</td><td>交通银行洞山支行</td><td>行号</td><td colspan="10">3647</td></tr>
<tr><td rowspan="2">委收金额</td><td colspan="4" rowspan="2">人民币（大写）壹拾壹万柒仟元整</td><td colspan="2"></td><td>千</td><td>百</td><td>十</td><td>万</td><td>千</td><td>百</td><td>十</td><td>元</td><td>角</td><td>分</td></tr>
<tr><td colspan="2"></td><td></td><td>¥</td><td>1</td><td>1</td><td>7</td><td>0</td><td>0</td><td>0</td><td>0</td><td>0</td></tr>
<tr><td>附寄单证</td><td>3</td><td>商品发运情况</td><td>已发运</td><td>合同名称号码</td><td colspan="12">AH-006</td></tr>
<tr><td>备注：</td><td colspan="16">付款单位注意：
1．根据结算方式规定，上列托收款项，在承付期限内未拒付时，可视同全部承付，如系全额支付即以此联人支款通知；如遇延付或部分支付时，再由银行另送延付或部分支付主的支款通知。
2．如需提前承付或多承付的，应另写书面通知送银行办理。
3．如系全部或部分拒付，应在承付期限内另填拒绝承付理由书送银行办理。</td></tr>
</table>

此联是付款单位开户银行通知付款单位按期承付货款的承付支款通知

单位主管： 会计： 复核： 记账： 付款人开户银行（盖章）：2007 年 08 月 26 日

（三）实训要求

1．审核原始凭证

2．编制记账凭证

（四）实训指导

银行是支付结算的中介机构。企业各项经济业务的款项结算，除按照国家现金管理暂行条例规定可以直接使用现金办理收付结算外，都必须通过银行办理支付结算，即通过银行将收到的款项从付款单位账户划转到收款单位账户。根据中国人民银行有关支付结算办法规定，目前企业发生的货币资金收付业务可以采用以下几种结算方式，通过银行办理转账结算。

1．银行汇票

银行汇票是汇款单位或个人将款项交存当地出票银行，由出票银行签发的，由其在见票时，按照实际结算金额无条件支付给收款人或持票人的票据。银行汇票具有使用灵活、票随人到、兑现性强等特点，适用于先收款后发货或钱货两清的商品交易。采用银行汇票方式，收款单位应当将汇票、解讫通知和进账单送交银行，根据银行退回的进账单和有关的原始凭证编制收款凭证；付款单位应当在收到银行签发的银行汇票后，根据“银行汇票申请书（存根）”联编制付款凭证。如有多余款项或因汇票超过付款期限等原因而退款时，应根据银行的多余款收账通知编制收款凭证。

使用银行汇票时应注意：银行汇票的付款期为一个月，逾期的票据，兑付银行不予受理；收款人受理申请人交付的银行汇票时，应当在出票金额以内，根据实际需要的款项办理结算，并将实际结算金额和多余金额准确、清晰地填入银行汇票和解讫通知，未填明实际结算金额和多余金额或实际结算金额超过出票金额的，银行不予受理；收款人可以将银行汇票背书转让给被背书人，但以不超过出票金额的实际结算金额为准；未填写实际结算金额或实际结算金额超过出票金额的银行汇票不得背书转让；收受银行汇票的企业，应特别注意审查票据的有效性；银行汇票丧失，失票人可以凭人民法院出具的其享有票据权利的证明，向出票银行请求付款或退款。

2．商业汇票

商业汇票是出票人签发的，委托付款人在指定日期无条件支付确定的金额给收款人或者持票人的票据。按其承兑人的不同，分为商业承兑汇票和银行承兑汇票。商业承兑汇票由银行以外的付款人承兑；银行承兑汇票由承兑申请人提出申请，经银行审查同意承兑。商业汇票的付款人为承兑人。

采用商业承兑汇票方式的，收款单位将要到期的商业承兑汇票连同填制的邮划或电划委托收款凭证，一并送交银行办理转账，根据银行的收账通知，据以编制收款凭证；付款单位在收到银行的付款通知时，据以编制付款凭证。采用银行承兑汇票方式的，收款单位将要到期的银行承兑汇票连同填制的邮划或电划委托收款凭证，一并送交银行办理转账，根据银行的收账通知，据以编制收款凭证；付款单位在收到银行的付款通知时，据以编制付款凭证。收款单位将未到期的商业汇票向银行申请贴现时，应按照规定填制贴现凭证，连同汇票一并送交银行，根据银行的收账通知，据以编制收款凭证。

使用商业汇票应注意：在银行开立存款账户的法人以及其他组织之间，必须具有真实的交易关系或债权债务关系，才能使用商业汇票。商业汇票的付款期限，最长不得超过 6 个月。

3．银行本票

银行本票是银行签发的，承诺自己在见票时无条件支付确定金额给收款人或者持票人的票据。单位和个人在同一票据交换区域需要支付各种不同款项，均可以使用银行本票。银行本票可以用于转账，注明“现金”字样的银行本票可以用于支取现金。银行本票分为不定额本票和定额本票两种。定额银行本票面额为 1 千元、5 千元、1 万元和 5 万元。银行本票付款期限最长不得超过 2 个月，可以背书转让。银行本票丧失，可以凭人民法院出具的其享有票据权利的证明，向出票银行请求付款或退款。

采用银行本票方式，收款单位按规定受理银行本票后，应将本票连同进账单送交银行办理转账，根据银行盖章退回的进账单第一联和有关原始凭证编制收款凭证；付款单位在填制“银行本票申请书”并将款项交存银行，收到银行签发的银行本票后，根据申请书存根联编制付款凭证。企业因银行本票超过付款期限或其他原因要求退款时，在交回本票和填制的进账单经银行审核盖章后，根据进账单第一联编制收款凭证。

4．支票

支票是出票人签发的，委托办理存款业务的银行在见票时无条件支付确定的金额给收款人或者持票人的票据。支票包括现金支票和转账支票。现金支票只能用于支取现金；转账支票只能用于转账。单位和个人在同一票据交换区域的各种款项结算，均可以使用支票。签发现金支票必须符合国家现金管理的规定。禁止签发空头支票，不得签发与其预留银行签章不符的支票，使用支付密码的，不得签发支付密码错误的支票，否则银行予以退票，并处以相应罚款、赔偿金，甚至停止其签发支票。支票的付款期限为 10 天。

采用支票方式，收款单位对于收到的支票，应在收到支票的当日填制进账单连同支票送存银行，根据银行盖章退回的进账单第一联和有关的原始凭证编制收款凭证，或根据银行转来由签发人送交银行支票后，经银行审查盖章的进账单第一联和有关的原始凭证编制收款凭证；付款单位对于付出的支票，应根据支票存根和有关原始凭证及时编制付款凭证。

5．汇兑

汇兑是汇款人委托银行将其款项支付给收款人的结算方式。单位或个人的各种款项的结算均可使用汇兑结算方式。汇兑分为信汇和电汇两种，由汇款人根据需要选择使用。汇兑结算方式适用于异地之间的各种款项结算，具有划拨款项简单、灵活的特点。

采用汇兑结算方式，汇款单位应先填写汇款委托书，信汇一式四联，电汇一式三联。填明收款单位名称或个人姓名、汇款金额及用途等项目，委托银行办理汇款手续。汇款单位开户银行受理后将回单联退回汇款单位，并将款项划转收汇银行，收汇银行将汇款收进收款单位或个人存款账户后，将汇款委托书收款通知联转交收款单位或个人办理收款手续。收款个人可根据证明文件，提取少量现金，其余均通过转账结算。

6．委托收款

委托收款是收款人委托银行向付款人收取款项的结算方式。单位或个人凭已承兑商业汇票、债务、存单等付款人债务证明办理款项的结算，均可以使用委托收款结算方式。在同城范围内，收款人收取共用事业费或根据国务院的规定，可以使用同城特约委托收款。

采用委托收款结算方式，收款单位对于托收款项，应在收到银行的收账通知时，根据收账通知编制收款凭证；付款单位在收到银行转来的委托收款凭证后，根据委托收款凭证的付款通知联和有关的原始凭证，编制付款凭证。如在付款期满前提前付款，应于通知银行付款之日，编制付款凭证。如拒绝付款，属于全部拒付的，不作账务处理；属于部分拒付的，企业应在付款期内出具部分拒付理由书并退回有关单位，根据银行盖章退回的拒付理由书第一联编制部分付款的凭证。

7．托收承付

托收承付是指根据购销合同由收款人发货后托收银行向异地付款人收取款项，由付款单位向银行承认付款的结算方式。使用托收承付结算方式的收款单位和付款单位，必须是国有企业，供销合作社以及经营管理较好，并经开户银行审查同意的城乡集体所有制工业企业。办理托收承付的款项，必须是商品交易，以及因商品交易而产生的劳务供应的款项。代销、零售、赊销商品的款项不得办理托收承付结算。托收承付结算的金额起点为 1 万元，新华书店系统每笔金额起点为 1 千元。

收款单位按照签订的购货合同发货后，委托银行办理托收、付款单位应在承付期内审查核对，安排资金。承付货款分为验单付款和验货付款两种，验单付款承付期为 3 天，验货付款承付期为 10 天，付款单位在承付期满日银行营业终了时，如无足够资金支付，其不足部分按逾期付款处理，并处以逾期付款赔偿金。付款单位经过验单或验货，发现收款单位托收款项计算错误或所收货物的品种、质量、规格、数量等与合同规定不符等情况，可以在承付期内提出全部或部分拒付，并填写“拒付埋由书”送交开户银行，开户行认为符合拒付条件的，即转给收款方开户银行再通知收款单位进行处理。

采用托收承付结算方式，收款单位对于托收款项，根据银行的收账通知和有关的原始凭证，据以编制收款凭证；付款单位对于承付的款项，应于承付时根据托收承付结算凭证的承付支款通知和有关发票账单等原始凭证，据以编制付款凭证。如拒绝付款，属于全部拒付的，不做账务处理；属于部分拒付的，付款部分按上述规定处理，拒付部分不做账务处理。

8．信用卡

信用卡是按商业银行向个人和单位发行的，凭其向特约单位购物、消费和银行存取现金，具有消费信用的特制载体卡片。信用卡按使用对象分为单位卡和个人卡；按信誉等级分为金卡和普通卡。单位卡账户的资金一律从其基本存款账户转账存入，不得交存现金，不得将销货收入的款项存入其账户。单位卡不得用于 10 万元以上的商品交易、劳务供应款项的结算。

采用信用卡结算方式，收款单位对于当日受理的信用卡签购单，填写汇计单和进账单，连同签购单一并送交收单银行办理进账，在收到银行进账通知时，据以编制收款凭证；付款单位对于付出的信用卡资金，应根据银行转来的付款通知和有关的原始凭证编制付款凭证。

（五）实训用品

1．实训用品资料 1 如表 4-36 所示。

表 4-36

收 款 凭 证

借方科目： 年 月 日 字 号

摘 要	贷方科目			金 额									√
	一级科目	二级明细科目	三级明细科目	百	十	万	千	百	十	元	角	分	
合 计													

附件 张

会计主管： 记账： 出纳： 审核： 制单：

2．实训用品资料 2 如表 4-37 所示。

表 4-37

收 款 凭 证

借方科目： 年 月 日 字 号

摘 要	贷方科目			金 额									√
	一级科目	二级明细科目	三级明细科目	百	十	万	千	百	十	元	角	分	
合 计													

附件 张

会计主管： 记账： 出纳： 审核： 制单：

3．实训用品资料 3 如表 4-38 所示。

表 4-38

收款凭证

借方科目：　　　　　　　　年　月　日　　　　　　　　字　号

摘　要	贷方科目			金　额									√
	一级科目	二级明细科目	三级明细科目	百	十	万	千	百	十	元	角	分	
合　计													

附件　张

会计主管：　　　记账：　　　出纳：　　　审核：　　　制单：

4．实训用品资料 4 如表 4-39 所示。

表 4-39

收款凭证

借方科目：　　　　　　　　年　月　日　　　　　　　　字　号

摘　要	贷方科目			金　额									√
	一级科目	二级明细科目	三级明细科目	百	十	万	千	百	十	元	角	分	
合　计													

附件　张

会计主管：　　　记账：　　　出纳：　　　审核：　　　制单：

5．实训用品资料 5 如表 4-40 所示。

表 4-40

收款凭证

借方科目：　　　　　　　　　　　　年　　月　　日　　　　　　　　　　　字　　号

摘要	贷方科目			金额									√
	一级科目	二级明细科目	三级明细科目	百	十	万	千	百	十	元	角	分	
合计													

附件　　张

会计主管：　　　　记账：　　　　出纳：　　　　审核：　　　　制单：

6．实训用品资料 6 如表 4-41 所示。

表 4-41

收款凭证

借方科目：　　　　　　　　　　　　年　　月　　日　　　　　　　　　　　字　　号

摘要	贷方科目			金额									√
	一级科目	二级明细科目	三级明细科目	百	十	万	千	百	十	元	角	分	
合计													

附件　　张

会计主管：　　　　记账：　　　　出纳：　　　　审核：　　　　制单：

7．实训用品资料 7 如表 4-42 所示。

表 4-42

付 款 凭 证

贷方科目：　　　　　　　　　　　　　年　　月　　日　　　　　　　　　　　字　　号

摘　　要	借方科目			金　　额									√
	一级科目	二级明细科目	三级明细科目	百	十	万	千	百	十	元	角	分	
合　　计													

附件　　张

会计主管：　　　　　记账：　　　　　出纳：　　　　　审核：　　　　　制单：

8．实训用品资料 8 如表 4-43 所示。

表 4-43

付 款 凭 证

贷方科目：　　　　　　　　　　　　　年　　月　　日　　　　　　　　　　　字　　号

摘　　要	借方科目			金　　额									√
	一级科目	二级明细科目	三级明细科目	百	十	万	千	百	十	元	角	分	
合　　计													

附件　　张

会计主管：　　　　　记账：　　　　　出纳：　　　　　审核：　　　　　制单：

9．实训用品资料 9 如表 4-44 所示。

表 4-44

付 款 凭 证

贷方科目：　　　　　　　　　　年　月　日　　　　　　　　　　字　号

摘　要	借方科目			金　额									√
	一级科目	二级明细科目	三级明细科目	百	十	万	千	百	十	元	角	分	
合　计													

附件　张

会计主管：　　　记账：　　　出纳：　　　审核：　　　制单：

10．实训用品资料 10 如表 4-45 所示。

表 4-45

付 款 凭 证

贷方科目：　　　　　　　　　　年　月　日　　　　　　　　　　字　号

摘　要	借方科目			金　额									√
	一级科目	二级明细科目	三级明细科目	百	十	万	千	百	十	元	角	分	
合　计													

附件　张

会计主管：　　　记账：　　　出纳：　　　审核：　　　制单：

11．实训用品资料 11 如表 4-46 所示。

表 4-46

付 款 凭 证

贷方科目：　　　　年　月　日　　　　字　号

<table>
<tr><td rowspan="2">摘　要</td><td colspan="3">借方科目</td><td colspan="9">金额</td><td rowspan="2">√</td></tr>
<tr><td>一级科目</td><td>二级明细科目</td><td>三级明细科目</td><td>百</td><td>十</td><td>万</td><td>千</td><td>百</td><td>十</td><td>元</td><td>角</td><td>分</td></tr>
<tr><td></td><td></td><td></td><td></td><td></td><td></td><td></td><td></td><td></td><td></td><td></td><td></td><td></td><td></td></tr>
<tr><td></td><td></td><td></td><td></td><td></td><td></td><td></td><td></td><td></td><td></td><td></td><td></td><td></td><td></td></tr>
<tr><td></td><td></td><td></td><td></td><td></td><td></td><td></td><td></td><td></td><td></td><td></td><td></td><td></td><td></td></tr>
<tr><td></td><td></td><td></td><td></td><td></td><td></td><td></td><td></td><td></td><td></td><td></td><td></td><td></td><td></td></tr>
<tr><td></td><td></td><td></td><td></td><td></td><td></td><td></td><td></td><td></td><td></td><td></td><td></td><td></td><td></td></tr>
<tr><td>合　计</td><td></td><td></td><td></td><td></td><td></td><td></td><td></td><td></td><td></td><td></td><td></td><td></td><td></td></tr>
</table>

附件　张

会计主管：　　记账：　　出纳：　　审核：　　制单：

12．实训用品资料 12 如表 4-47 所示。

表 4-47

转 账 凭 证

年　月　日　　　　字　号

<table>
<tr><td rowspan="2">摘　要</td><td rowspan="2">会计科目</td><td rowspan="2">明细科目</td><td colspan="9">借方金额</td><td colspan="9">贷方金额</td><td rowspan="2">√</td></tr>
<tr><td>百</td><td>十</td><td>万</td><td>千</td><td>百</td><td>十</td><td>元</td><td>角</td><td>分</td><td>百</td><td>十</td><td>万</td><td>千</td><td>百</td><td>十</td><td>元</td><td>角</td><td>分</td></tr>
<tr><td></td><td></td><td></td><td></td><td></td><td></td><td></td><td></td><td></td><td></td><td></td><td></td><td></td><td></td><td></td><td></td><td></td><td></td><td></td><td></td><td></td><td></td></tr>
<tr><td></td><td></td><td></td><td></td><td></td><td></td><td></td><td></td><td></td><td></td><td></td><td></td><td></td><td></td><td></td><td></td><td></td><td></td><td></td><td></td><td></td><td></td></tr>
<tr><td></td><td></td><td></td><td></td><td></td><td></td><td></td><td></td><td></td><td></td><td></td><td></td><td></td><td></td><td></td><td></td><td></td><td></td><td></td><td></td><td></td><td></td></tr>
<tr><td></td><td></td><td></td><td></td><td></td><td></td><td></td><td></td><td></td><td></td><td></td><td></td><td></td><td></td><td></td><td></td><td></td><td></td><td></td><td></td><td></td><td></td></tr>
<tr><td></td><td></td><td></td><td></td><td></td><td></td><td></td><td></td><td></td><td></td><td></td><td></td><td></td><td></td><td></td><td></td><td></td><td></td><td></td><td></td><td></td><td></td></tr>
<tr><td>合　计</td><td></td><td></td><td></td><td></td><td></td><td></td><td></td><td></td><td></td><td></td><td></td><td></td><td></td><td></td><td></td><td></td><td></td><td></td><td></td><td></td><td></td></tr>
</table>

附件　张

会计主管：　　记账：　　审核：　　制单：

13．实训用品资料 13 如表 4-48 所示。

表 4-48

转 账 凭 证

年　　月　　日　　　　　　　　字　　号

摘　要	会计科目	明细科目	借方金额									贷方金额									√
			百	十	万	千	百	十	元	角	分	百	十	万	千	百	十	元	角	分	
合计																					

附件　　张

会计主管：　　　　记账：　　　　审核：　　　　制单：

14．实训用品资料 14 如表 4-49 所示。

表 4-49

转 账 凭 证

年　　月　　日　　　　　　　　字　　号

摘　要	会计科目	明细科目	借方金额									贷方金额									√
			百	十	万	千	百	十	元	角	分	百	十	万	千	百	十	元	角	分	
合　计																					

附件　　张

会计主管：　　　　记账：　　　　审核：　　　　制单：

15．实训用品资料 15 如表 4-50 所示。

表 4-50

转 账 凭 证

年 月 日 字 号

摘 要	会计科目	明细科目	借方金额									贷方金额									√
			百	十	万	千	百	十	元	角	分	百	十	万	千	百	十	元	角	分	
合 计																					

附件 张

会计主管： 记账： 审核： 制单：

二、登记银行存款日记账实训

（一）实训目的

熟练掌握银行存款日记账的登记方法。

（二）实训资料

1．安徽永信股份有限公司，7 月底银行存款期末余额 158 995.65 元。
2．8 月份银行存款有关收支业务参见银行结算业务实训中的实训资料。

（三）实训要求

登记安徽永信股份有限公司 2007 年 8 月份的银行存款日记账。

（四）实训指导

企业应当设置“银行存款日记账”，由出纳人员根据收付款凭证，按照业务发生顺序逐笔登记，每日终了应结出余额，定期与银行核对账实相符。银行存款日记账根据银行账户分别设置，采用订本式账簿。

（五）实训用品

实训用品资料 16 如表 4-51 所示。

表 4-51

银行存款日记账

2007 年		凭证		摘要	银行凭证		√	借方										贷方										借或贷	余额									
月	日	种类	号数		种类	号数		千	百	十	万	千	百	十	元	角	分	千	百	十	万	千	百	十	元	角	分		千	百	十	万	千	百	十	元	角	分

三、银行存款的清查实训

（一）实训目的

熟练掌握银行存款清查的基本方法。

（二）实训资料

安徽永信股份有限公司 2007 年 8 月 31 日银行存款日记账、银行对账单部分资料汇总，其格式如表 4-52、表 4-53 所示。

表 4-52

银行存款日记账

2007 年		凭证号数	摘　　要	借方	贷方	借或贷	余额
月	日						
08	29	（略）	承上页			借	77 640.00
08	29	（略）	支付材料货款		22 375.00	借	55 265.00
08	30	（略）	收到货款	19 800.00		借	75 065.00
08	30	（略）	销货款	14 720.00		借	89 785.00
08	31	（略）	兑付设备款		15 240.00	借	74 545.00
08	31	（略）	销货款	18 854.00		借	93 399.00
08	31	（略）	支付材料货款		11 220.00	借	82 176.00
08	31	（略）	提取现金		401.00	借	81 778.00

表 4-53

银行对账单

2007年		摘　　要	借方	贷方	借或贷	余额
月	日					
08	29	承上页			贷	77 640.00
08	29	托收承付（收到货款）		19 800.00	贷	97 440.00
08	30	支付材料款	22 375.00		贷	75 065.00
08	30	商业承兑汇票（兑付设备款）	15 240.00		贷	59 825.00
08	31	托收承付（收到货款）		17 648.00	贷	77 473.00
08	31	销货款		14 720.00	贷	92 193.00
08	31	长期借款计息单	2 460.00		贷	89 733.00
08	31	提取现金	401.00		贷	89 332.00

（三）实训要求

根据银行存款日记账和银行存款对账单，编制银行存款余额调节表。

（四）实训指导

银行存款的清查就是企业将登记的“银行存款日记账”与银行对账单逐笔核对增减额和同一日期的余额。通过核对往往发现双方账目不一致。如果是本单位或银行记账错误引起的，应及时予以更正；如果是未达账款引起的，则应当编制“银行存款余额调节表”进行调整。

编制银行存款余额调节表一般是将企业的账面余额和银行对账单余额各自统计对方已入账而本单位尚未入账的余额（包括增加额和减少额），然后验证经过调节后的存款是否相等，其调节公式如下。

银行存款日记账余额＋银行已收款入账、企业尚未收账数－银行已付款入账、企业尚未付款账数＝银行对账单余额＋企业已收款入账、银行尚未收账数－企业已付款入账、银行尚未付账数

（五）实训用品

实训用品资料 17 如表 4-54 所示。

表 4-54

银行存款余额调节表

年　月　日

项　目	金　额	项　目	金　额
企业银行存款日记账金额 加：银行已收，企业未收款 减：银行已付，企业未付款		银行对账单余额 加：企业已收，银行未收款 减：企业已付，银行未付款	
调节后的存款余额		调节后的存款余额	

第五章　综合实训单元

一、实训目的

练习记账凭证账务处理程序、汇总记账凭证账务处理程序和科目汇总表账务处理程序的具体操作步骤和方法，熟练掌握运用这 3 种基本会计账务处理程序的专业技能。

二、实训资料

（一）模拟企业概况

西航公司是一家大量大批单步骤生产的制造企业，为增值税的小规模纳税人，其注册资本为 160 万元。该企业设有 4 个行政管理部门（总经理办公室、财务会计部、技术研发部、采购供应部）、1 个生产车间、1 个专设的销售部门。

（二）各账户 2006 年 12 月 31 日期末余额

1．总分类账账户期末余额如下。

会计科目或项目	月初余额	
	借方	贷方
库存现金	50 000	
银行存款	500 000	
应收账款	30 000	
应收票据	20 000	
其他应收款	20 000	
预付账款	80 000	
原材料	50 000	
包装物及低值易耗品	8 000	
库存商品	1240 000	
固定资产	400 000	
累计折旧		40 000
短期借款		200 000
应付账款		200 000
应付票据		30 000
预收账款		30 000

（续表）

会计科目或项目	月初余额	
	借方	贷方
应付职工薪酬		10 000
应交税费		20 000
其他应交款		8 000
实收资本		1 600 000
资本公积		200 000
盈余公积		20 000
本年利润		20 000
利润分配－未分配利润		40 000
生产成本	20 000	
合　　计	2 418 000	2 418 000

2．相关明细账账户余额

2007 年 1 月 1 日，有关明细账户余额如下。

（1）“原材料”

——A 材料 5 000 公斤，每公斤 2 元，计 10 000 元

——B 材料 8 000 公斤，每公斤 5 元，计 40 000 元

（2）“生产成本”：20 000 元

产品名称	月初在产品	月初在产品成本			
		直接材料	直接人工	制造费用	合计
甲产品	10	14 000	4 000	2 000	20 000

（3）“应收账款”

——开源公司 16 000 元

——天河公司 14 000 元

（4）“应付账款”

——华航公司 120 000 元

——王朝公司 80 000 元

（三）2007 年 1 月份发生的经济业务和有关会计事项

西航公司 2007 年 1 月发生的有关材料采购业务、产品生产业务、商品销售业务和期间费用的经济业务（原始凭证略）如下。

1．从外地华航公司购入 A 材料 4 000 公斤，实际单价 1.8 元；B 材料 1 000 公斤，实

际单价 4.8 元。货款已用银行存款支付，材料尚未到达公司。

2．以银行存款支付上述 A、B 两种外购材料的外地运杂费 1 000 元（按材料重量比例分配）。材料已到达公司，并验收入库。

3．西航公司从外地王朝公司购入 C 材料 5 000 公斤，实际单价 4 元。材料已验收入库，但货款尚未支付。同时，已用银行存款支付其外地运杂费 800 元。

4．西航公司用银行存款预付从华北公司购 D 材料货款 20 000 元。

5．从华北公司预购的 D 材料 6 000 公斤已到。发票单位买价为 5 元。

6．开出转账支票，补付所欠华北公司购货款 10 000 元。

7．西航公司仓库本月发出下列材料，其用途如表 5-1 所示。

表 5-1

发出材料汇总表

领用部门	用　途	A 材 料			B 材 料		
		数量（公斤）	单价（元）	金额	数量（公斤）	单价（元）	金额
车　　间	甲产品生产	600.00	2.00	1 200.00	100.00	5.00	500.00
	乙产品生产	150.00	2.00	300.00	800.00	5.00	4 000.00
车　　间	一般耗用	100.00	2.00	200.00	200.00	5.00	1 000.00
行政管理部门	一般耗用				300.00	5.00	1 500.00
合　　计		850.00		1 700.00	1 400.00		7 000.00

8．以银行存款支付车间外购办公用品费 800 元，行政管理部门办公用品费 900 元。

9．以银行存款支付外购材料的市内运杂费 600 元。

10．以现金支付职工市内交通补助 700 元。其中：车间 200 元，行政管理部门 500 元。

11．开出现金支票向银行提取现金 400 000 元，以备发工资。

12．以库存现金 400 000 元支付职工工资。

13．计提本月公司固定资产折旧费 10 000 元。其中：车间计提的固定资产折旧费 8 000 元，行政管理部门计提的固定资产折旧费 2 000 元。

14．开出转账支票预付明年的书报杂志订阅费 4 000 元。

15．按计划预提应由本月负担的短期借款利息 2 000 元。

16．分配摊销应由本月产品成本、期间费用负担的固定资产大修理费用 50 000 元（已计入预付账款）。其中：车间摊销的固定资产大修理费 35 000 元，行政管理部门摊销的固定资产大修理费 15 000 元。

17．分配本月应付职工工资 400 000 元。工资费用的发生地点和用途如表 5-2 所示。

表 5-2

工资费用分配计算表

部　门	用　途	工资额（元）
车间	生产甲产品的工人工资	200 000
	生产乙产品的工人工资	150 000
车间	管理人员工资	20 000
行政管理部门	管理人员工资	30 000
合　计		400 000

18．按职工总额的 14%提取职工福利费 56 000 元。

19．以银行存款支付车间照明电费 4 000 元，行政管理部门照明电费 2 000 元。

20．月末，按产品的生产工时比例分配制造费用 344 400，并计入各产品的制造成本。其中：甲产品的生产工时为 6 000 小时，乙产品的生产工时为 4 000 小时。

21．月末，乙产品 200 件全部完工并验收入库，计算和结转完工乙产品的制造成本（乙产品没有月初在产品成本）。

22．西航公司对外销售甲产品 500 件，单位售价（不含增值税，下同）为 3 000 元。增值税率为 4%。产品已交付购买单位，货款已通过银行收讫。

23 西航公司向外地华西公司销售甲产品 400 件，单位售价为 3 000 元，增值税率为 4%。商品已通过铁路公司发运出去，并以银行存款支付代垫运杂费 2 000 元。货款和代垫运杂费均未收到。

24．以银行存款支付甲产品的广告费 6 000 元。

25．按销货合同规定，向开源公司预收销货款 100 000 元，并存入银行。

26．按销货合同规定，将 60 件乙商品交付给开源公司，单位售价 2 500 元，增值税率 4%。同时，收到该公司转账支票一张，金额为 56 000 元，以补付其原少预付的款项。

27．向华中公司销售产品 40 件，单位售价 2 800 元，增值税 4 480 元，款项尚未收到。但收到华中公司签发并承兑的商业汇票一张，票面金额为 116 480 元。

28．计算和结转本期应缴教育费附加 8 000 元。

29．以银行存款上缴教育费附加 8 000 元。

30．月末，计算和结转本月上述 4 笔已售甲产品的制造成本。甲产品的单位制造成本为 1 500 元。

31．开出转账支票，通过民政部门向残疾人基金会捐款 200 000 元。

32．出售企业的多余材料，货款 40 000 元，增值税 1 600 元。款项已收到并存入银行。结转出售上批多余材料的成本 18 000 元。

33．计算和结转本月应交所得税，所得税率为33%。

34．开出转账支票，上缴应交增值税和应交所得税。

35．按税后利润的10%计算提取法定盈余公积，按税后利润的5%计算提取法定公益金。

36．月末，将本月所有损益类科目的发生额结转到“本年利润”科目，并计算出本月实现的净利润。

37．将“本年利润”科目余额（即实现的税后利润）全部转入“利润分配—未分配利润”科目。

38．根据企业已通过的利润分配方案，结转应向企业所有者分配的利润100 000元。

39．通过银行向企业所有者支付利润100 000元。

40．将“利润分配”总账下的“提取法定盈余公积”、“提取法定公积金”、“应付股利”3个明细账的余额，全部转入“利润分配—未分配利润”明细账。

三、实训要求

1．练习记账凭证账务处理程序的具体操作步骤和方法，熟练掌握运用该种会计账务处理程序的专业技能。

（1）根据上述经济业务（代原始凭证或汇总原始凭证）填制记账凭证。

（2）根据收款凭证和付款凭证，逐日逐笔登记库存现金日记账和银行存款日记账。

（3）根据原始凭证、汇总原始凭证或记账凭证，登记各种明细分类账。

（4）直接根据每张记账凭证逐笔登记总分类账。

（5）月终，将库存现金日记账、银行存款日记账、各种明细账余额分别与有关总账余额核对相符。

（6）月终，根据核对无误的总分类账、各种明细分类账记录及其他有关资料编制会计报表。

2．练习汇总记账凭证账务处理程序的具体操作步骤和方法，熟练掌握运用该种会计账务处理程序的专业技能。

（1）根据上述经济业务（代原始凭证或原始凭证汇总表）填制记账凭证（包括收款凭证、付款凭证和转账凭证）。

（2）根据收款凭证和付款凭证，逐日逐笔登记库存现金日记账和银行存款日记账。

（3）根据原始凭证、汇总原始凭证或记账凭证，登记各种明细分类账。

（4）根据收款凭证、付款凭证和转账凭证，分旬定期编制“汇总收款凭证”、“汇总付款凭证”、和“汇总转账凭证”。

（5）根据所编制的汇总收款凭证、汇总付款凭证和汇总转账凭证，登记总分类账。

（6）月终，将库存现金日记账、银行存款日记账、各种明细账余额分别与有关总账余额核对相符。并编制西航公司2007年1月的总账本期发生额及余额试算平衡表。

（7）根据核对无误的总分类账、各种明细分类账记录及其他有关资料编制会计报表。

3．练习科目汇总表账务处理程序的具体操作步骤和方法，熟练掌握运用该种会计账务处理程序的专业技能。

（1）根据经济业务（代原始凭证或汇总原始凭证）填制单式记账凭证。

（2）根据库存现金、银行存款的借项凭证和贷项凭证，逐日逐笔登记库存现金日记账和银行存款日记账。

（3）根据原始凭证、汇总原始凭证或记账凭证，登记各种明细分类账。

（4）根据一定时期内所有的记账凭证，汇总编制“科目汇总表”。

（5）根据“科目汇总表”，登记总分类账。

（6）月终，将库存现金日记账、银行存款日记账、各种明细账余额分别与有关总账余额核对相符。

（7）月终，根据核对无误的总分类账、各种明细分类账记录及其他有关资料编制会计报表。

四、实训指导

账务处理程序也叫会计核算形式，是指账簿组织和记账步骤。在实际工作中，常见的账务处理程序有：记账凭证账务处理程序、汇总记账凭证账务处理程序、科目汇总表账务处理程序等。

实践证明，一个适用的、合理的账务处理程序，一般应满足以下要求：要适合本单位的性质和生产经营管理活动的特点，有利于会计机构内部的分工协作和加强岗位责任制；能及时提供本单位经济活动真实、完整的资料，以满足企业经营管理和宏观综合平衡工作的需要；在保证及时和完整地提供会计资料的前提下，应尽可能地简化会计核算手续，提高会计工作的效率，节约核算费用。

1．记账凭证账务处理程序

记账凭证账务处理程序的特点是，直接根据记账凭证，逐笔登记总分类账。它是最基本的一种会计账务处理程序，其他各种账务处理程序，都是以它为基础发展演化而成的。

采用记账凭证账务处理程序时，需要设置三类记账凭证，即收款凭证、付款凭证和转账凭证，以便据以登记总账。在这种账务处理程序下，需要设置的账簿主要包括特种日记账（现金日记账和银行存款日记账）和分类账（总分类账和明细分类账）。其中特种日记账一般采用三栏式；总账采用三栏式，并按照各个总账科目（一级科目）开设账页；明细账则可视业务特点和管理需要，采用三栏式、数量金额式或多栏式。

记账凭证账务处理程序各基本步骤说明如下。

（1）根据原始凭证编制汇总原始凭证。

（2）根据审核无误的原始凭证或者汇总原始凭证，编制记账凭证（包括收款、付款和转账凭证三类）。

（3）根据收、付款凭证逐日逐笔登记特种日记账（包括现金、银行存款日记账）。

（4）根据原始凭证、汇总原始凭证和记账凭证编制有关的明细分类账。

（5）根据记账凭证逐笔登记总分类账。

（6）月末，将特种日记账的余额以及各种明细账的余额合计数，分别与总账中有关账户的余额核对相符。

（7）月末，根据经核对无误的总账和有关明细账的记录，编制会计报表。

2．汇总记账凭证账务处理程序。

汇总记账凭证账务处理程序是记账凭证账务处理程序的发展，它的基本特点是先定期将全部记账凭证按照种类不同分别归类编制汇总记账凭证，然后再根据汇总记账凭证登记总分类账。

采用汇总记账凭证核算形式，除需设置记账凭证（收款、付款、转账凭证）之外，还应设置汇总记账凭证。它包括汇总收款凭证（如表 5-3 所示）、汇总付款凭证（如表 5-4 所示）和汇总转账凭证（如表 5-5 所示），作为登记总账的直接依据。汇总收款凭证是按“库存现金”和“银行存款”科目的借方分别设置的一种汇总记账凭证，用来汇总一定时期内现金和银行存款的收款业务，它按有关对应的贷方科目归类汇总编制。汇总付款凭证是按“库存现金”和“银行存款”科目的贷方分别设置的一种汇总记账凭证，用来汇总一定时期内现金和银行存款的付款业务，它按有关对应的借方科目归类汇总编制。汇总转账凭证是按照除“库存现金”、“银行存款”以外的每一贷方科目分别设置，而按相应的借方科目进行归类汇总的一种汇总记账凭证，用来汇总一定时期内的全部转账业务。汇总记账凭证的基本格式要求：在编制转账凭证和付款凭证时，只能编制一借一贷或一贷多借的凭证，而不能编制一借多贷的凭证；编制收款凭证时，则只能编制一借一贷或一借多贷的凭证，而不能编制一贷多借的凭证。在汇总记账凭证账务处理程序下，需要设置的特种日记账有现金日记账和银行存款日记账，一般采用三栏式；总账按总账科目设置账页，一般也采用三栏式；各种明细账可根据实际情况，采用三栏式、数量金额式或多栏式。

表 5-3

汇总收款凭证

借方科目：库存现金（或银行存款）　　2007 年 01 月　　第××号

贷方科目	金　额				总账页数	
	上旬凭证 ×号至×号	中旬凭证 ×号至×号	下旬凭证 ×号至×号	全月合计	借方	
合　计						

表 5-4

汇总付款凭证

贷方科目：现金（或银行存款） 2007 年 01 月 第××号

借方科目	金额				总账页数	
	上旬凭证 ×号至×号	中旬凭证 ×号至×号	下旬凭证 ×号至×号	全月合计	借方	贷方
合计						

表 5-5

汇总转账凭证

贷方科目：库存现金（或银行存款） 2007 年 01 月 第××号

借方科目	金额				总账页数	
	上旬凭证 ×号至×号	中旬凭证 ×号至×号	下旬凭证 ×号至×号	全月合计	借方	贷方
合计						

汇总记账凭证账务处理程序各基本步骤说明如下。

（1）根据经审核的原始凭证或汇总原始凭证，编制记账凭证（收、付、转三类）。

（2）根据收款凭证和付款凭证，登记特种日记账（库存现金、银行存款日记账）。

（3）根据原始凭证、汇总原始凭证和记账凭证，登记有关的明细账。

（4）根据一定时期内的全部记账凭证，分别汇总编制转账凭证汇总表。

（5）根据定期汇总编制的特种日记账和转账凭证汇总表，登记总分类账。

（6）月末，将特种日记账的余额以及各种明细账的余额合计数，分别与总账中相应账户的余额核对相符。

（7）月末，根据经核对无误的总账和有关的明细账记录，编制会计报表。

3．科目汇总表账务处理程序

科目汇总表账务处理程序同汇总记账凭证账务处理程序一样，也是由记账凭证账务处理程序发展而来的。在该种账务处理程序下，要先根据记账凭证填制科目汇总表，然后根据科目汇总表登记总账。采用科目汇总表账务处理程序，需要设置的各种账簿与汇总记账凭证账务处理程序基本相同。

科目汇总表是一种表格，事先将本单位会计核算所使用的会计科目印成一排，月末（或定期）将收款凭证、付款凭证和转账凭证中各个科目的借方发生额加总填入科目汇总表该科目的借方；将各个科目的贷方发生额加总填入科目汇总表该科目的贷方；最后进行纵向加总并试算平衡。平衡以后，即可作为登记总账的依据。科目汇总表核算适应用于生产经营规模较大，经济业务较多的单位。其格式如表5-6所示。

表5-6

科目汇总表

年　月　日到年　月　日　　记账凭证第××号至第××号

会计科日	借　方	贷　方
合　计		

科目汇总表账务处理程序各基本步骤说明如下。

（1）根据原始凭证或原始凭证汇总表编制收款凭证、付款凭证或转账凭证。

（2）根据收款凭证、付款凭证登记库存现金日记账、银行存款日记账。

（3）根据原始凭证或原始凭证汇总表、收款凭证、付款凭证、转账凭证逐笔登记各种明细分类账。

（4）根据收款凭证、付款凭证、转账凭证编制科目汇总表。

（5）根据科目汇总表登记总分类账。

（6）月终，将现金日记账、银行存款日记账的余额以及各种明细分类账的余额合计数分别与相应的总分类账户余额核对相符。

（7）月终，根据总分类账、各种明细分类账的有关资料编制会计报表。

五、实训用品

1．收款凭证、付款凭证、转账凭证各若干张。

2．现金日记账账页、银行存款日记账账页、总分类账账页、各类明细分类账账页各若干张。

3．科目汇总表、汇总记账凭证、试算平衡表、资产负债表、利润表各一张等。

参 考 文 献

［1］ 谭利．会计模拟实训教程［M］．重庆：重庆大学出版社，2005.

［2］ 贺胜军．会计基础模拟实训［M］．北京：清华大学出版社，北京交通大学出版社，2007.

［3］ 黄明，郭大伟，刘俊琴．企业会计模拟实训教程（单项实训）［M］．大连：东北财经大学出版社，2004.

［4］ 郭惠云．基础会计实验教程［M］．北京：经济科学出版社，2001.

［5］ 张立玮．基础会计［M］．西安：西北大学出版社，2005.

［6］ 郑新成．基础会计学［M］．上海：立信会计出版社，2004.

［7］ 财经法规与会计职业道德［M］．哈尔滨：哈尔滨工程大学出版社，2005.

［8］ 中华人民中和国会计法［M］．财政部.

［9］ 企业会计准则［M］．财政部.

［10］企业会计制度［M］．财政部.

［11］企业财务会计报告条例［M］．财政部.

［12］会计基础工作规范［M］．财政部.